WORKBOOK/ LABORATORY MANUAL

Basic Italian

REVISED
SIXTH EDITION

Charles Speroni

Professor Emeritus (late), University of California, Los Angeles

Carlo L. Golino

Professor Emeritus, University of California, Riverside

Workbook revised by
Pia Friedrich
University of Washington

Laboratory Manual revised by
Rocco Capozzi
Marcel Danesi
Jana Vizmuller-Zocco

HOLT, RINEHART AND WINSTON, INC.

New York/Chicago/San Francisco
Philadelphia/Montreal/Toronto
London/Sydney/Tokyo

ISBN 0-03-013594-X

Printed in the United States of America

9 0 1 2 018 9 8 7 6 5 4 3 2 1

Holt, Rinehart and Winston, Inc.
The Dryden Press
Saunders College Publishing

PREFACE

The *Workbook* section of this Workbook/Laboratory Manual to accompany the Revised Sixth Edition of *Basic Italian* by Professors Speroni and Golino was specifically revised to reinforce material presented in the corresponding chapters of the main textbook. The progression of the exercises follows the sequence established in the text and provides additional written practice and essential review of all grammatical structures studied and all vocabulary previously introduced.

Many of the recapitulation charts found in the Workbook for the Fifth Edition of *Basic Italian* were retained. Exercises throughout were revised and expanded and now include simple completions of statements, rewrites, transformations, minimal elements recombinations and question-answer exercises. All are aimed at stressing the *practical* use of *controlled* patterns that must constitute the base for self-expression at this stage of language learning.

The *Laboratory Manual* section of this component is the student's guide to the cassette program that accompanies the Revised Sixth Edition and reflects all the changes that were made in this edition.

Each unit of the Lab Manual is divided into three parts:

Part I reviews the dialog of each chapter in the textbook by providing an opportunity for students to hear and imitate a dramatic reading of it. This part also contains a section that requires students to answer content questions on the dialog, and a section that reviews selected new vocabulary items contained in the dialog.

Part II is a grammar review of the topics covered in the textbook. A section of forming plurals is normally included so that this difficult area of structure can be practiced regularly. Although the main focus of this exercise is the manipulation of structure, an attempt has been made to "personalize" the exercises (answering questions, rephrasing statements) to illustrate the communicative functions of the grammatical forms.

Part III consists of three different types of exercises. Exercise A provides a listening/pronunciation exercise from Chapters 1 through 8; Chapters 9 through 20 present a dictation exercise with grammatical focus; and Chapters 21 through 32 provide a comprehension exercise. Exercise B focuses on sentence structure and sentence expectancy. This section is based on the grammatical topics of the corresponding textbook chapter. Exercise C is a matching exercise that allows students to expand the linguistic and communicative base that has been established in the chapter.

Dotted lines indicate where oral responses are required. Fill-in rules are provided for exercises requiring students to write out the answers to specific questions.

Workbook

CONTENTS

Laboratory Manual

CONTENTS

NAME________________ DATE________ CLASS________

1

SINGULAR AND PLURAL OF NOUNS
THE DEFINITE ARTICLE
USE OF THE EXPRESSIONS *C'È... , CI SONO... and ECCO... !*

PLURAL OF NOUNS

	singular	plural
feminine nouns in	-a	-e
feminine nouns in	-e	-i
masculine nouns in	-e	-i
masculine nouns in	-o	-i

a — e
e — i
e — i
o

A. *Use each noun as in the example.*

EXAMPLE Nome *Ecco due nomi!*

1. automobile Ecco due automobili.
2. corso Ecco due corsi
3. dispensa Ecco due dispense
4. collaboratore Ecco due collaboratori
5. lezione Ecco due lezioni

6. errore Ecco due errori

7. gettoniera Ecco due gettoniere

8. frase Ecco due frasi

FORMS OF THE DEFINITE ARTICLE

		singular	plural
Feminine	consonant	**la**	**le**
	vowel	**l'**	**le**
Masculine	other consonants	**il**	**i**
	z, s+consonant	**lo**	**gli**
	vowel	**l'**	**gli**

B. *Fill in each blank with the correct form of the definite article.*

1. (feminine singular)

la musica — l' aria — la conversazione
l' entrata — l' estate — la scuola
la lezione

2. (feminine plural)

le intenzioni — le erbe — le canzoni
le letture — le automobili — le signorine
le Italiane — le notti

NAME________________________________DATE______________CLASS____________

3. (masculine singular)

il quaderno	l' ombrello	l' insegnante
lo zero	il rumore	lo stato
l' Americano	il vulcano	

4. (masculine plural)

gli articoli	i giorni	i saluti
gli zeri	i ravioli	i broccoli
gli esami	i pronomi	

C. *Rewrite each sentence in the plural.*

EXAMPLE Signorina, ecco il cappuccino! *Signorine, ecco i cappuccini!*

1. Ragazzo, ecco l'errore! Ragazzi, ecco gli errori!
2. Signore, ecco l'automobile! Signori, ecco gli automobili!
3. Professore, ecco lo studente! Professori, ecco gli studenti!
4. Signora, ecco l'Italiano! Signore, ecco gli italiani!
5. Bambino, ecco l'orso! Bambini, ecco gli orsi!
6. Signorina, ecco il gettone! Signorine, ecco i gettoni!

D. *Rewrite each sentence in the singular. Make all necessary changes.*

1. Ecco le case! Ecco la case!
2. Ecco le frasi! Ecco la Frase!
3. Ecco le ragazze! Ecco la ragazza!
4. Ecco gli esami! Ecco l'esame!
5. Ecco gli Americani! Ecco l'Americano!
6. Ecco le Americane! Ecco l'Americana!

E. *Rewrite each question in the plural. Make all necessary changes.*

1. C'è il maestro? Ci sono i maestri?
2. C'è l'Italiano? Ci sono gli Italiani?
3. C'è lo zaino? Ci sono gli zaini?
4. C'è il cane? Ci sono i cani?
5. C'è il nome? Ci sono i nomi?

F. *Form new questions using* C'è... ? *or* Ci sono.

EXAMPLE albero *C'è l'albero?*

1. spaghetti C'è lo spaghetti?
2. gettoni Ci sono gli gettoni?
3. zie Ci sono le zie?
4. signori Ci sono gli signori?
5. domanda C'è la domanda?
6. spartito C'è lo spartito?

G. *Complete each sentence by filling in the blank with the appropriate form of the definite article.*

1. Vuoi __gli__ copie?
2. Non trovo __la__ gettoniera.
3. Ecco __il__ maestro.
4. C'è __l'__ insegnante?
5. Un momento. Non trovo ________ sbagli.
6. No, ________ ragazzi e ________ ragazze oggi non ci sono.
7. ________ professori sono a scuola con ________ studenti.
8. C'è caffè, ma non trovo ________ zucchero.
9. No. Non trovo ________ errore.
10. Che cosa guardi? ________ televisione?

NAME______________________________ DATE________________ CLASS______________

2

SUBJECT PRONOUNS
PRESENT INDICATIVE OF FIRST AND SECOND CONJUGATION VERBS
INTERROGATIVE AND NEGATIVE SENTENCES

SUBJECT PRONOUNS

(I)	IO			(we)	NOI		
(he, it)	LUI	(egli)	(esso)	(they)	LORO	(essi)	m.
(she, it)	LEI	(ella)	(essa)			(esse)	f.

When addressing relatives and friends, use:

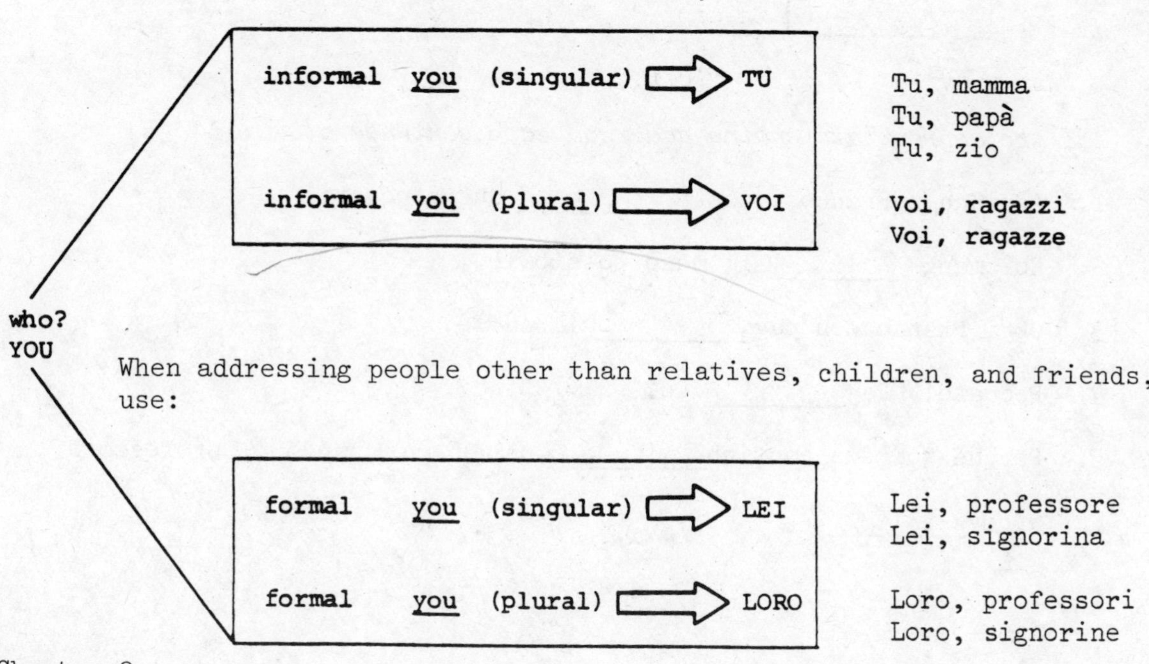

A. *Complete each sentence with the appropriate subject pronoun.*

1. Signorina, perchè _________ non parla oggi?
2. Peccato, _________ non conosciamo Anna.
3. Signori, quando studiano _________?
4. Purtroppo _________ non ripete la domanda.
5. Ciao, Franco. Perchè (_________) non rispondi?
6. No, oggi _________ non pago. Pagate _________.

PRESENT INDICATIVE OF *-ARE* AND *-ERE* VERBS

parl-are	scriv-ere	
parl-o	scriv-o	I
-i	-i	you (singular familiar)
-a	-e	he/she/you (singular polite)
-iamo	-iamo	we
-ate	-ete	you (plural familiar)
-ano	-ono	they/you (plural polite)

B. *Add the appropriate ending and read each sentence aloud.*

1. Adriana e Franco incontr_________ due studenti.
2. Noi mang_________ il meno possibile.
3. Oggi Franco non pag_________ il caffè.
4. Peccato! Pag_________ tu?
5. Perchè voi due continu_________ a parlare quando il professore arriv_________?

NAME________________________________DATE______________CLASS____________

C. *Rewrite each sentence in the singular.*

1. Purtroppo non parliamo l'italiano.

____

2. Conoscete Gianni Spinola?

____

3. Mangiano la pizza gli Americani?

____

4. Chiudiamo il libro e rispondiamo.

____

5. I professori cominciano a parlare e gli studenti ripetono.

____

D. *Fill in the blanks with the correct form of the appropriate verb. Use each verb only once.*

ascoltare	cominciare	conoscere	chiudere
guardare	incontrare	parlare	studiare

1. Franco e Gianni non __________________ Anna.
2. Ora (io) _______________ il libro e _________________ a parlare.
3. Chi _______________ (voi) il primo giorno di scuola?
4. Gianni, che cosa _________________?
5. Con chi _________________ loro?
6. Io _______________ il professore perchè ______________ benissimo l'italiano.

E. *Form a question from each statement as indicated in the example. Read both sentences aloud.*

EXAMPLE Loro ascoltano. *Perchè non ascoltate anche voi?*

1. Loro cominciano a scrivere.

____

2. Loro parlano e rispondono.

____

3. Loro continuano a leggere.

____

4. Loro conoscono Franco Venturi.

____

5. Loro prendono l'autobus.

____

F. *Use each of the following expressions to form questions addressed to the various persons as indicated.*

1. parlare ad alta voce

   Mamma, perchè ______________________________?

   Ragazzi, perchè ______________________________?

   Signorina, perchè ______________________________?

2. leggere

   Zio, che cosa ______________________________?

   Signorina, quando ______________________________?

   Ragazze, perchè ______________________________?

   Signorine, con chi ______________________________?

NAME______________________ DATE____________ CLASS____________

G. *Answer the following questions in the negative as in the examples.*

EXAMPLE Cominci a parlare? *No, purtroppo non comincio a parlare.*
Cominciate a parlare? *No, purtroppo non cominciamo a parlare.*

1. Studiate medicina?

____

2. Conosci Anna e Franco?

____

3. Conoscete l'insegnante di filosofia?

____

4. Leggi ad alta voce?

____

5. Mangiate il meno possibile?

____

H. *Form questions according to the example.*

EXAMPLE Non studiamo filosofia. *Perchè non studiate filosofia?*

1. Non conosco gli insegnanti. ______________________
2. Ora non leggiamo. ______________________
3. Oggi non guardo la televisione. ______________________
4. Oggi non paghiamo la pizza. ______________________
5. Non comincio l'esercizio. ______________________
6. Non ascoltiamo e non rispondiamo. ______________________

____

NAME________________________________DATE______________CLASS____________

3

THE INDEFINITE ARTICLE
ADJECTIVES
THE ADJECTIVE *BUONO*
PRESENT INDICATIVE OF *AVERE* AND *ESSERE*
IDIOMATIC EXPRESSIONS USING *AVERE*

FORMS OF THE INDEFINITE ARTICLE

	a, an/(one)
feminine	**UNA** **UN'**
masculine	**UN** **UNO**

A. *Supply the correct form of the indefinite article.*

________ pizza	________ espresso	________ spartito
________ banana	________ aspirina	________ anno
________ sbaglio	________ dottore	________ italiana
________ conversazione	________ opera	________ veranda

_______ ombrello _______ libro _______ esempio

_______ zingaro

B. *Fill in each blank with the correct form of the indefinite article.*

1. È _______ attore molto bravo.
2. Prende lezioni da _______ professoressa americana.
3. Vedo _______ studente, _______ nuovo studente.
4. Non è _______ buon divertimento.
5. Non è _______ stato americano.
6. Cominciano _______ esercizio.
7. Hanno _______ bella voce.
8. Prendiamo _______ insalata verde.
9. Ecco _______ dizionario francese.
10. Lei è _______ amica americana.

C. *Following the example, form new sentences using the suggested cues.*

EXAMPLE Lui? (professore) *Lui? È un professore.*

1. Lei? (Americana) ________________________________
2. Lui? (insegnante di matematica) ________________________________

   ____
3. Lei? (violinista) ________________________________
4. Lui? (amico italiano) ________________________________
5. Lui? (studente universitario) ________________________________
6. Lei? (amica americana) ________________________________
7. Lui? (ragazzo francese) ________________________________
8. Lui? (zingaro) ________________________________

NAME________________________________DATE_______________CLASS___________

9. Lei? (artista) ____

10. Lui? (Inglese) ____

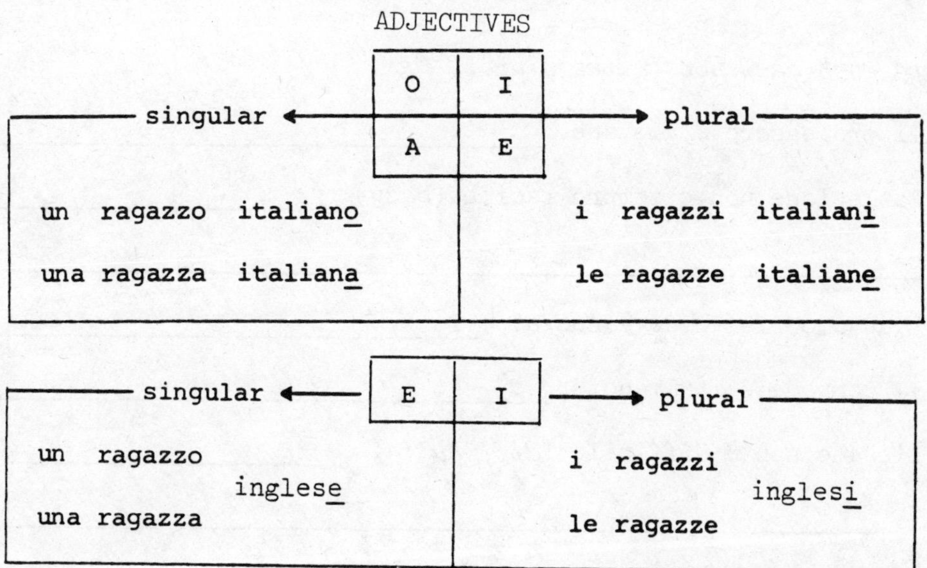

D. *Complete each sentence by adding the correct ending to each adjective.*

1. Lui è un brav_____ studente; anche lei è una brav_____ studentessa.

2. È un'automobile popolar_____?

3. Tutti gli studenti sono present_____ oggi.

4. È bell_____ la primavera (*spring*) in California?

5. Le automobili american_____ sono grand_____, le automobili italian_____ sono piccol_____.

6. Anna è una ragazza diligent_____ e seri_____.

7. Il nuov_____ professore è frances_____.

8. L'indirizzo è lung_____.

9. Sono giovan_____ le ragazze? Sì, sono giovan_____ e intelligent_____.

10. La professoressa non è ingles_____, è american_____.

11. Molt_____ parole sono nuov_____.

12. Sono bell_____ i bambini? È bell_____ la signorina?

E. *Rewrite each sentence in the plural.*

1. Il professore è giovane. ________________________________

2. La lezione non è sempre facile (*easy*). ____________________

____

3. L'automobile verde è nuova. ____________________________

4. Il cognome è italiano. ________________________________

5. L'esame non è difficile (*difficult*). ______________________

____

6. È bravo l'attore italiano? _____________________________

7. Dove'è l'automobile americana? __________________________

____

8. Il vestito rosa è brutto. _____________________________

9. Anche la cravatta è nera. _____________________________

10. Quando comincia a parlare lo studente straniero? __________

____

F. *Rewrite each sentence in the singular.*

1. Le mense universitarie non sono sempre modeste e popolari.

____

2. Le conversazioni intelligenti sono interessanti.

____

3. Le case italiane non sono grandi.

____

4. Le lezioni di italiano sono popolari

____

5. Le travole della mensa sono piccole.

____

6. I nuovi studenti sono seri e bravi.

____

G. *Use the correct form of each adjective to describe the following persons or things.*

EXAMPLE broccoli (buono) *I broccoli sono buoni.*

1. ragazza americana (fortunato)

____

2. aggettivi rosa e blu (invariabile)

____

3. espressioni idiomatiche (popolare)

____

4. minestra e carne (buono)

____

5. pesce e verdura (cattivo)

____

6. Adriana e Graziella (giovane)

____

H. *Complete each sentence with the correct form of the adjective* buono.

1. È una _______________ espressione.
2. È un _______________ studente.
3. Sono due _______________ insegnanti italiane.
4. _______________ appetito!
5. _______________ fortuna!
6. Sono tre _______________ professori.

I. *Following the example, use the cues to form new sentences.*

EXAMPLE Bruno / fame / io *Bruno ha fame ma io oggi non ho fame.*

1. Loro / fretta / voi

____

2. Io e gli studenti americani / freddo / tu

____

3. Il cane / sete / gli elefanti

____

4. Noi / molte idee / loro

____

5. Tu / sonno / io e Adriana

____

J. *State in separate sentences that unfortunately* (purtroppo) *you and your friend (thus* noi*) are cold, hungry, thirsty, sleepy, and in a hurry. Then ask your mother and father if they are also cold, hungry, and so on.*

K. *State the age of the following persons or animals.*

EXAMPLE bambino (2) *Il bambino ha due anni.*

1. cane (3) ____

NAME________________________________ DATE______________ CLASS___________

2. studentessa francese (19) ______________________________

3. Luigi (10) ______________________________

4. bambino e bambina (6) ______________________________

5. ragazzo americano (14) ______________________________

6. gatto (cat) nero (8) ______________________________

7. tu (18) ______________________________

8. anche voi (18) ______________________________

NAME________________________________DATE_______________CLASS___________

4

PRESENT INDICATIVE OF -*IRE* VERBS
THE DEFINITE ARTICLE WITH TITLES
USE OF *MOLTO* AND *TROPPO* AS ADJECTIVES AND AS ADVERBS
PRESENT INDICATIVE OF *ANDARE* AND *USCIRE*

THIRD CONJUGATION: PRESENT INDICATIVE

apr-ire	cap-ire(isc)
apr-o	cap-isc-o
-i	-isc-i
-e	-isc-e
-iamo	-iamo
-ite	-ite
-ono	-isc-ono

A. *Add the appropriate ending to complete each verb and read the sentences aloud.*

1. (capire) Lui cap________, ma altri non cap________.

2. (aprire) Ragazzi, perchè non apr________ la porta?

3. (preferire) Michele prefer_______ aspettare; noi prefer_______ entrare ora.

4. (partire) Quando part_______ il professore? Quando part_______ i compagni di scuola?

5. (finire) Perchè (tu) non fin_______ l'esercizio? E voi, quando fin_______ il capitolo?

6. (dormire) Io non dorm_______ bene.

7. (preferire) Anche tu prefer_______ leggere?

8. (finire) Io fin_______ quando loro fin_______.

9. (capire) Noi non cap_______, ma voi cap_______ sempre.

10. (aprire) Lui apr_______ la porta quando noi arriviamo.

RECAP OF THE PRESENT TENSE

<table>
<tr><th>-are</th><th>-ere</th><th colspan="2">-ire</th></tr>
<tr><td>-o</td><td>-o</td><td>-o</td><td>-isco</td></tr>
<tr><td>-i</td><td>-i</td><td>-i</td><td>-isci</td></tr>
<tr><td>-a</td><td>-e</td><td>-e</td><td>-isce</td></tr>
<tr><td>-iamo</td><td>-iamo</td><td colspan="2">-iamo</td></tr>
<tr><td>-ate</td><td>-ete</td><td colspan="2">-ite</td></tr>
<tr><td>-ano</td><td>-ono</td><td>-ono</td><td>-iscono</td></tr>
</table>

B. *Form new sentences by changing the verb forms of the model sentence according to the cued subjects.*

1. Quando capiamo la domanda, rispondiamo.

Quando tu _______________________________________

Quando Luisa _______________________________________

Quando tu e Carlo _______________________________________

Quando le ragazze _______________________________________

2. Apro il libro ma non leggo.

Il professor Martini ______________________________

Tu ______________________________

Anche noi ______________________________

Voi ______________________________

3. Michele e Mario imparano perchè leggono e scrivono molto.

Tu ______________________________

Io e Adriana ______________________________

Carlo ______________________________

Anch'io ______________________________

4 Preferiamo andare a Roma non a Parigi.

Anch'io ______________________________

Tu e Franco ______________________________

I ragazzi ______________________________

Luisa ______________________________

C. *Following the example, carefully point out the persons listed below and ask them how they are.*

EXAMPLE Professor Centrini *Ecco il professor Centrini. Come sta, professore?*

1. Mr. Bianchi ______________________________

____

2. Professor (Anna) White ______________________________

____

3. Mrs. Bianchi ______________________________

____

4. Mr. and Mrs. Rossi ______________________________

____

5. Dr. Conti ______________________________

____

D. *Answer each question as in the example.*

EXAMPLE Un professore? *No, molti professori!*

1. Uno straniero? ______________________________
2. Una domanda intelligente? ______________________________
3. Un giorno? ______________________________
4. Una partita interessante? ______________________________
5. Un esame facile? ______________________________
6. Una buon'idea? ______________________________
7. Un gruppo di studenti? ______________________________
8. Un altro sbaglio? ______________________________

E. *Write new sentences as in the example. Include the adverb* troppo *and the correct form of the adjective.*

EXAMPLE la lingua italiana / difficile *La lingua italiana non è troppo difficile.*

1. gli esami / lungo

____

2. le mense universitarie / popolare

____

3. Adriana / fortunato

____

NAME______________________________DATE______________CLASS____________

4. Bruno e Giovanni / giovane

____

5. i dizionari / vecchio

____

6. le letture / interessante

____

7. i prezzi / buono

____

8. il professor Corso e il professor Centrini / modesto

____

F. *Complete each sentence with the appropriate form of* molto.

1. Chi studia sempre ________________?
2. Bruno è uno studente _______________ bravo.
3. La mensa universitaria è _______________ popolare.
4. Noi mangiamo _______________ carne e _______________ pesce.
5. Conoscete _______________ bene gli studenti francesi?
6. Lui ha _______________ fretta.
7. Adriana non parla _______________ ma è _______________ intelligente.

G. *Complete each sentence with the appropriate form of* troppo.

1. Perchè tu hai sempre _______________ fame?
2. Di solito lei mangia _______________.
3. È possibile studiare _______________.
4. Voi avete _______________ idee.

5. È un libro ______________ vecchio.

6. Loro parlano ______________.

7. La lettura di oggi è ______________ lunga.

8. Noi prendiamo sempre ______________ appunti.

H. *Form new sentences using the indicated subjects.*

EXAMPLE avere sonno / anche voi *Anche voi avete sonno e andate a dormire.*

1. (tu) ______________________________

2. (loro due) ______________________________

3. (Michele ed io) ______________________________

4. (Alberto) ______________________________

5. (io) ______________________________

I. *State where the following people are going and with whom, using the suggested cues. Do not repeat the subject pronouns.*

EXAMPLE noi / Roma / Olga *Andiamo a Roma con Olga.*

1. tu / Napoli / Bruno e Mario

____

2. io / Madrid / lo studente / spagnolo

____

3. gli studenti spagnoli / Firenze / il professore

____

4. Graziella ed io / Parigi / la professoressa di francese

____

5. il professor Corso / Mosca / la signora Corso

____

NAME________________________________DATE______________CLASS_____________

J. *Complete each sentence with the correct form of* essere, avere, *or* uscire, *according to the context.*

1. Perchè (tu) non _______________ con Maria, oggi?

2. Le mense universitarie _______________ popolari perchè i prezzi _______________ modici e gli studenti _______________ sempre fame.

3. Quando _______________, ragazzi?

4. Purtroppo anche noi _______________ fretta perchè _______________ molte lezioni.

5. Quanti anni _______________ la ragazza francese?

6. Nel pomeriggio anche loro _______________ per andare a vedere la partita.

NAME ______________________ DATE ______________ CLASS ____________

5

CONTRACTIONS
THE PARTITIVE
DEMONSTRATIVE ADJECTIVES AND PRONOUNS
THE ADJECTIVE *BELLO*
PRESENT INDICATIVE OF *VENIRE*

CONTRACTIONS (PREPOSITIONS + ARTICLES)

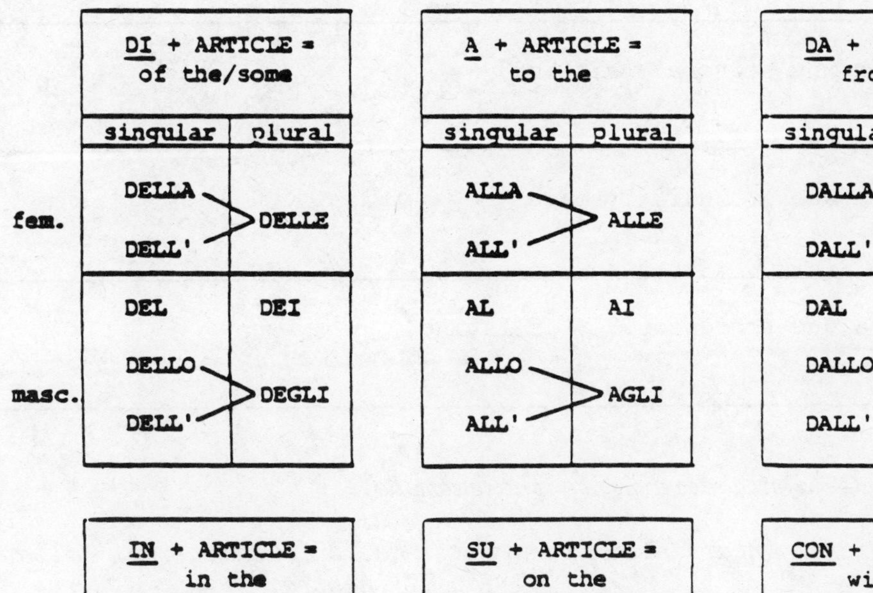

DI + ARTICLE = of the/some

	singular	plural
fem.	DELLA DELL'	DELLE
masc.	DEL	DEI
	DELLO DELL'	DEGLI

A + ARTICLE = to the

	singular	plural
fem.	ALLA ALL'	ALLE
masc.	AL	AI
	ALLO ALL'	AGLI

DA + ARTICLE = from the

	singular	plural
fem.	DALLA DALL'	DALLE
masc.	DAL	DAI
	DALLO DALL'	DAGLI

IN + ARTICLE = in the

	singular	plural
fem.	NELLA NELL'	NELLE
masc.	NEL	NEI
	NELLO NELL'	NEGLI

SU + ARTICLE = on the

	singular	plural
fem.	SULLA SULL'	SULLE
masc.	SUL	SUI
	SULLO SULL'	SUGLI

CON + ARTICLE = with the

	singular	plural
fem.	____	____
masc.	COL	COI

A. *Answer each question according to the example.*

EXAMPLE Scrivono a uno zio? (Bruno) *Sì, scrivono allo zio Bruno.*

1. Scrivono a un compagno? (di scuola)

 ____

2. Scrivono a una professoressa? (di francese)

 ____

3. Scrivono a due signorine? (italiane)

 ____

4. Scrivono a uno studente? (americano)

 ____

5. Scrivono a due studenti? (stranieri)

 ____

6. Scrivono a una signora? (di Pisa)

 ____

7. Scrivono a due artisti? (romani)

 ____

8. Scrivono a due professori? (di latino)

 ____

B. *Answer each question according to the example.*

EXAMPLE È vicino (*near*) alla finestra? *No, è lontano (*far*) dalla finestra.*

1. È vicino al centro? ______________________________
2. È vicino all'agenzia? ______________________________
3. È vicino agli edifici? ______________________________
4. È vicino al cinema? ______________________________
5. È vicino allo stadio? ______________________________

6. È vicino all'isola? ______________________________

7. È vicino ai Borghini? ______________________________

8. È vicino agli Stati Uniti? ______________________________

C. *Answer each question according to the example.*

EXAMPLE In un libro? *No, nei libri, anzi in molti libri.*

1. In una lettura?

____

2. In uno stato?

____

3. In una frase?

____

4. In un negozio?

____

5. In un'agenzia di viaggi?

____

6. In un appartamento?

____

7. In una via?

____

8. In un liceo?

____

D. *Fill in each blank with the appropriate prepositional contraction.*

1. La casa _______________ signorina è vicina _______________ università.
2. Abitano molto lontano _______________ centro.
3. I dizionari _______________ studenti non sono nuovi.
4. Lo studio _______________ zio è moderno.
5. Io scrivo una lettera _______________ compagni di scuola
6. Il colore _______________ occhi è molto bello.
7. Il colore _______________ erba è verde.
8. Perchè non rispondi _______________ domande _______________ amici?
9. Oggi andiamo _______________ zoo.
10. Aspettano vicino _______________ agenzia.
11. L'amica _______________ professore è _______________ studio.
12. _______________ finestra _______________ nuovo edificio vediamo la Rinascente.

E. *Answer each question as in the example.*

EXAMPLE Mangiate molto pesce? *Sì, mangiamo del pesce, ma non molto.*

1. Mangi molta molta vedura?

   ____

2. Conosci molti studenti francesi?

   ____

3. Avete molte amiche italiane?

   ____

4. Hai molto denaro?

   ____

5. Avete molti soldi?

   ____

NAME________________________ DATE____________ CLASS__________

6. Hai molti parenti in Italia?

____

7. Prendi molto caffè?

____

8. Desiderate molto zucchero?

____

FORMS OF *QUESTO*

As an adjective
questo, quest' → questi
questa, quest' → queste
Examples: Prendiamo quest'automobile. Questo colore è bello.

As a pronoun	
questo	questi
questa	queste
Example: Di tutti gli autori preferisco questo.	

FORMS OF *QUELLO*

As an adjective	
quel	quei
quello, quell'	quegli
quella, quell'	quelle
Examples: Com'è grande quell'albergo! Quei quaderni sono nuovi.	

As a pronoun (meaning "that one," "those," "the one," "the ones")	
quello	quelli
quella	quelle
Example: La mia automobile è vecchia; quella di Maria è nuova.	

F. *Fill in each blank with the appropriate form of* questo.

1. ______________ sono i parenti Marina.

2. È una famiglia di Firenze, ______________?

3. Desidero comprare uno di ______________ vestiti.

4. ______________ è una buon'università.

5. ______________ anno non studio matematica.

6. Desidera ______________ o quello?

7. Come'è buono ______________ antipasto!

8. Quanto costano ______________ belle scarpe?

9. Nessuno conosce ______________ albergo.

10. ______________ edifici sono nuovi.

G. *Answer each question as in the example.*

EXAMPLE È un bel ragazzo? *No, quel ragazzo non è bello, ma questo, sì.*

1. È una buon'agenzia?

____

2. È un appartamento comodo?

____

3. Sono camere grandi?

____

4. Sono edifici comodi?

____

5. Sono negozi eleganti?

____

6. È un buon autore?

____

NAME________________________________DATE______________CLASS____________

7. È una lettura interessante?

____

8. Sono sbagli comuni?

____

H. *Answer each question as in the examples, using the suggested cues.*

EXAMPLES Questo libro? *Sì, è davvero* (really) *un bel libro.*

Questi libri? *Sì, sono davvero dei bei libri.*

1. Queste scarpe? ______________________________

2. Quest'albergo? ______________________________

3. Questi edifici? ______________________________

4. Questi negozi? ______________________________

5. Questa cucina? ______________________________

6. Queste isole? ______________________________

I. *Form new sentences, as in the example, using the suggested cues. Do not repeat the subject pronouns.*

EXAMPLE io / Roma / Firenze *Vengo da Roma e vado a Firenze.*

1. Gianni / il centro / l'università

____

2. noi / l'agenzia / il cinema

____

3. anche loro / la Rinascente / il negozio nuovo

____

4. voi due / l'appuntamento / la mensa universitaria

____

5. tu / il congresso / Venezia

____

NAME_______________________________ DATE____________ CLASS____________

6

DIRECT OBJECT PRONOUNS: UNSTRESSED FORMS
TIME OF DAY
PLURAL OF NOUNS (CONT'D)

DIRECT OBJECT PRONOUNS (THIRD PERSON)

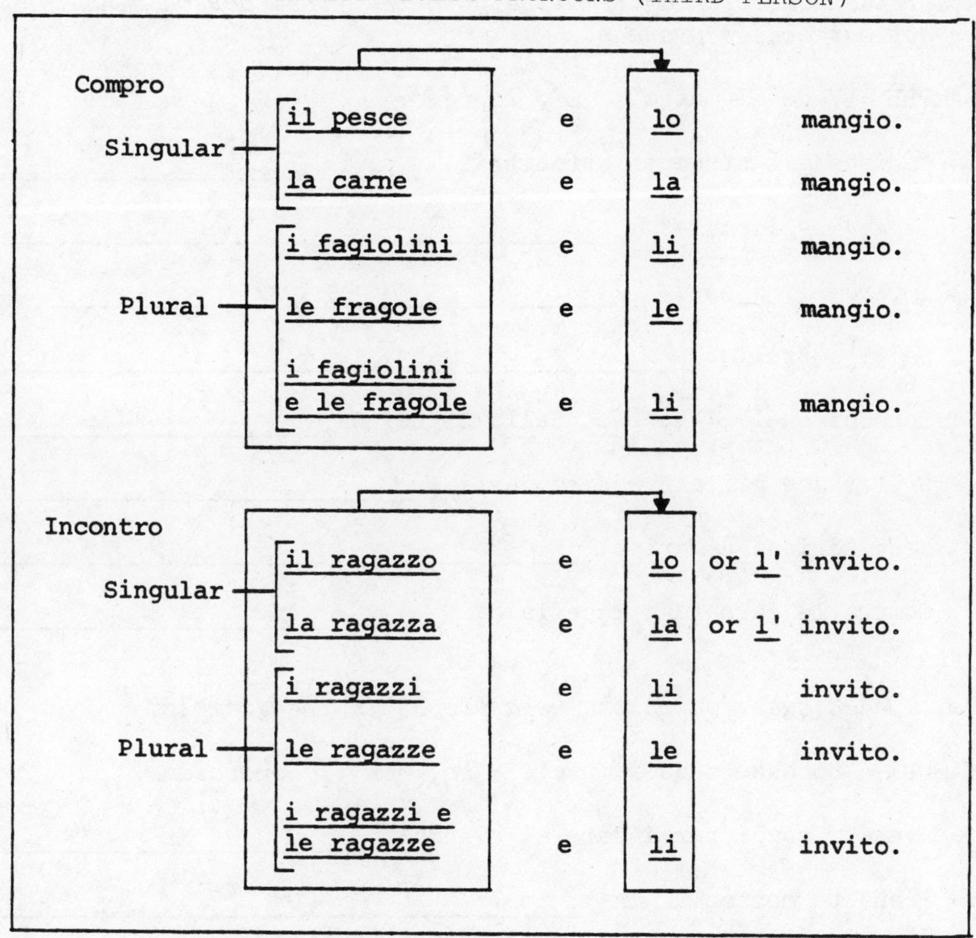

A. *Complete each answer with the appropriate form of the direct object pronoun.*

1. Prendete l'antipasto? —No, non ________ prendiamo.
2. Comprano il pane e le verdure? —Sì, ________ comprano.
3. Conosci la famiglia di Carlo? —No, non ________ conosco.
4. Signora, prende queste fragole? —Sì, ________ prendo
5. Invitate i due autori italiani? —Sì, ________ invitiamo.
6. Hai le matite? —No, non ________ ho.
7. Quando ascolti la musica? — ________ ascolto ogni giorno.
8. Seguono i corsi di filosofia? —Sì, ________ seguono.

B. *Answer each question affirmatively in the first person singular using the correct object pronoun.*

EXAMPLE Vede il museo? *Sì, lo vedo.*

1. Capisce gli studenti stranieri? ____________________
2. Legge il giornale? ____________________
3. Impara l'inglese? ____________________
4. Hai l'ombrello? ____________________
5. Conosci quel signore e quella signora? ____________________
6. Preferisce gli alberghi modesti? ____________________
7. Vede Adriana e Marina? ____________________
8. Compra la carne dal macellaio? ____________________

C. *Answer each question in the negative as in the example.*

EXAMPLE Conoscete quei musei? *No, non li conosciamo.*

1. Avete i soldi per andare al cinema? ____________________
2. Prendete molto caffè? ____________________

3. Conoscete quella professoressa e quel professore?

____

4. Preferite la primavera? _______________________

5. Comprate queste belle carote? ____________________

6. Mangiate sempre minestra, carne, pesce e verdura?

____

D. *Expand each question by using the appropriate form of the direct object pronoun.*

EXAMPLE Perchè non leggi anche tu il giornale dell'università?
Io lo leggo sempre!

1. Perchè non compri anche tu la frutta surgelata?

____

2. Perchè non inviti anche tu Graziella e Bruno?

____

3. Perchè non compri anche tu il prosciutto italiano?

____

4. Perchè non ascolti anche tu i concerti di musica classica?

____

5. Perchè non scrivi anche tu le parole nuove e quelle difficili?

____

6. Perchè non guardi anche tu la televisione messicana e quella canadese?

____

DIRECT OBJECT PRONOUNS (FIRST AND SECOND PERSONS)

Quando	**Singular**	**mi**	**vede**	**mi**	**(m')**	**invita**
		ti	**vede**	**ti**	**(t')**	**invita**
	Plural	**ci**	**vede**	**ci**	**(c')**	**invita**
		vi	**vede**	**vi**	**(v')**	**invita**
Quando	**Singular**	**mi**	**vede**	**mi**	**(m')**	**aspetta**
		ti	**vede**	**ti**	**(t')**	**aspetta**
	Plural	**ci**	**vede**	**ci**		**aspetta**
		vi	**vede**	**vi**	**(v')**	**aspetta**

E. *Answer each question in the negative, according to the examples.*

EXAMPLES Ti conosce? *No, veramente non mi conosce.*
Vi conoscono? *No, veramente non ci conoscono.*

1. Ti vede? ______________________________
2. Vi ascoltano? ______________________________
3. Ti capisce? ______________________________
4. Vi preferiscono? ______________________________
5. Ti guarda? ______________________________
6. Vi invitano? ______________________________

F. *Answer each question enthusiastically as in the example.*

EXAMPLE Ci conosci? *Sì, sì, vi conosco!*

1. Vi aspettano? ______________________________
2. Ti salutano? ______________________________

NAME________________________________DATE______________CLASS____________

3. Mi invitate? ____

4. Ci ascoltate? ____

5. Mi capisci? ____

6. Ci vede, signora? ____

G. *Complete each sentence using the appropriate direct object pronoun.*

1. La signora parla e parla, ma io non _______ ascolto.

2. Il professore parla e parla, ma io non _______ ascolto.

3. Le ragazze parlano e parlano, ma io non _______ ascolto.

4. I compagni parlano e parlano, ma io non _______ ascolto.

5. Mamma, tu parli e parli, ma io non _______ ascolto.

6. Lei, sig. Bianchi parla e parla, ma io non _______ ascolto.

7. Signori, Loro parlano e parlano, ma io non _______ ascolto.

8. Signorine, Loro parlano e parlano, ma io non _______ ascolto.

9. Ragazzi, voi parlate e parlate, ma io non _______ ascolto.

10. Lei, Signorina, parla e parla, ma io non _______ ascolto.

11. Io parlo e parlo, ma il professore non _______ ascolta.

12. Noi parliamo e parliamo ma il professore non _______ ascolta.

H. *Following the example, say at what time you prefer to study and to work. Use the suggested times cues.*

a. Quando studi, generalmente?

EXAMPLE 7:00 P.M.–11:00 P.M. *Preferisco studiare dalle sette alle undici di sera.*

1. 6:30 A.M.–10:00 A.M.

____

2. 12:00 P.M.–4:30 P.M.

____

3. 1:00 P.M.–5:00 P.M.

____

4. 9:30 P.M.-1:30 P.M.

____

5. 8:00 A.M.-12:00 P.M.

____

b. Quando lavori, generalmente?

EXAMPLE 6:00 A.M.-8:00 A.M. *Lavoro due ore ogni giorno: dalle sei alle otto di mattina.*

1. 12:00 A.M.-6:30 A.M.

____

2. 12:00 P.M.-12:00 A.M.

____

3. 3:30 P.M.-7:30 P.M.

____

4. 1:45 P.M.-8:45 P.M.

____

5. 7:15 P.M.-11:45 P.M.

____

I. *Rewrite each sentence in either the plural or the singular.*

1. I papà non sono sempre americani.

____

NAME________________________________DATE_______________CLASS____________

2. Questo tè è freddo, purtroppo!

____

3. La virtù è rara.

____

4. I tassì di Roma sono vecchi.

____

5. La curiosità è utile.

____

6. Il re di Svezia parla italiano.

____

7. Questi caffè non sono buoni.

____

8. Quelle città sono grandi e belle.

____

NAME________________________________DATE______________CLASS____________

7

PAST PARTICIPLE
PRESENT PERFECT TENSE
PRESENT PERFECT TENSE OF *AVERE* AND *ESSERE*
IDIOMATIC USE OF *CHE*! *COME*! AND *QUANTO*!
DATES

A. *Give the infinitive of each of the following past participles.*

aperto, visto, scritto, comprato, seduto, risposto, letto, salutato, venuto, guardato, preso

THE PRESENT PERFECT

	parlare		ripetere		sentire
ho	parl-ato	ho	ripet-uto	ho	sent-ito
hai	"	hai	"	hai	"
ha	"	ha	"	ha	"
abbiamo	"	abbiamo	"	abbiamo	"
avete	"	avete	"	avete	"
hanno	"	hanno	"	hanno	"
	tornare		**venire*[1]**		**partire**
sono	torn-ato(a)	sono	ven-uto(a)	sono	part-ito(a)
sei	torn-ato(a)	sei	ven-uto(a)	sei	part-ito(a)
è	torn-ato(a)	è	ven-uto(a)	è	part-ito(a)
siamo	torn-ati(e)	siamo	ven-uti(e)	siamo	part-iti(e)
siete	torn-ati(e)	siete	ven-uti(e)	siete	part-iti(e)
sono	torn-ati(e)	sono	ven-uti(e)	sono	part-iti(e)

*Although *venire* is an *-ire* verb, its past participle ends in *-uto* like those of *-ere* verbs.

[1]See the Appendix for a list of verbs with an irregular past participle.

B. *Form new sentences using the indicated subjects.*

1. L'artista ha cantato molto bene. (Tutti; Anche noi; Le due ragazze; Anch'io; Tu)

2. Perchè non avete preso (voi) l'autobus? (tu; il signor Borghini; io e Vanna; tu e Marina; gli amici di Bruno)

C. *Answer each question in the negative. Follow the examples.*

EXAMPLES Hai visitato il Vaticano? *No, non ho visitato il Vaticano.*
Avete visitato il Vaticano? *No, non abbiamo visitato il Vaticano.*

1. Hai mangiato le lasagne?

___

2. Avete visto un supermercato italiano?

___

3. Hai fatto la spesa in Italia?

___

4. Avete finito il caffellatte?

___

5. Hai mangiato da Alfredo?

___

6. Avete parlato con Giacomo?

___

D. *Answer each question in the negative.*

EXAMPLE È andato a Fiesole? *No, veramente non sono mai andato a Fiesole.*

1. È arrivato in ritardo, professore?

___

2. Siete uscite con Luisa?

___

NAME________________________________DATE______________CLASS____________

3. Sei andato in Africa?

____

4. Siete ritornati tardi?

____

5. Sei stata a casa di Vanna?

____

6. Signora Borghini, è andata in aeroplano?

____

E. *What is the question that would elicit each response? Following the example, form a plausible and correct question for each answer.*

EXAMPLE No, siamo andate dal fornaio. *Siete andate dal macellaio?*

1. Sono ritornata a casa giovedì.

____

2. Siamo andati al cinema con due studenti spagnoli.

____

3. Sono uscita alle sette precise.

____

4. No, non siamo arrivati in ritardo.

____

5. Sì, è stato a Venezia in aprile.

____

F. *Complete each sentence with the appropriate form of the past participle.*

1. (andare) Come al solito, le due ragazze sono ___________ alla Rinascente.

2. (arrivare) Come al solito, il signor Borghini è ___________ in ritardo.

3. (restare) Come al solito, gli amici sono ___________ fino a mezzanotte.

4. (venire) Come al solito, Adriana è ___________ con Franco.

5. (andare) Come al solito, Franco e Adriana sono ___________ al cinema.

AGREEMENT OF PAST PARTICIPLE OF VERBS CONJUGATED WITH *AVERE*

Dov'è	Carlo?	Nessuno	l'	ha	visto.	"*avere*" verbs:
Dov'è	Luisa?	Nessuno	l'	ha	vista.	agreement with
Dove sono	i bambini?	Nessuno	li	ha	visti.	preceding
Dove sono	le ragazze?	Nessuno	le	ha	viste.	direct object
	Professore,	chi	L'	ha	visto?	pronouns *lo,*
	Signorina,	chi	L'	ha	vista?	*la, li, le*
	Signori,	chi	Li	ha	visti?	
	Signorine,	chi	Le	ha	viste?	
		Chi	mi	ha	visto/a?	optional
		Chi	ti	ha	visto/a?	agreement with
		Chi	ci	ha	visto/i/e?	preceding
		Chi	vi	ha	visto/i/e?	direct object
						pronouns *mi, ti,*
						ci, vi

G. *Fill in each blank with the correct ending for each past participle.*

EXAMPLE Gli studenti sono arrivat*i* in ritardo.

1. Mario è andat_____ a Roma.

2. Le ragazze non sono venut_____.

3. La mia compagna è stat_____ a casa tutto il giorno.

4. Lei, Signorina, ha capit_____ ?

5. Noi siamo ritornat_____ tardi.

6. Loro, Signori, hanno vedut_____ qualche cosa?

7. Chi ha vist_____ la ragazza? L'hai vist_____ tu?

8. Sono già arrivat_____ Adriana e Vanna?

9. Dov'è il mio passaporto? L'hai vedut_____ ?

10. Ho comprato la frutta e l'ho mangiat_____ .

11. Grazie, Signorina, è stat_____ molto gentile.

12. Hai finit_____ gli esercizi? Quando li hai finit_____ ?

13. Hanno visitat_____ la città? L'ho visitat_____ anch'io.

14. Ho vedut_____ Luisa quando è entrat_____ .

15. Ragazze, dove vi ha portat_____ il professore? Vi ha portat_____ in biblioteca?

16. La professoressa ha spiegat_____ la lezione, ma io non l'ho capit_____ .

H. *Answer each question in the negative.*

EXAMPLE Parte domani Carlo? *No, è partito ieri.*

1. Arriva domani Luisa? ____

2. Ritorna domani la signora Borghini? ___________________________

3. Telefonano domani Vanna e Marina? ____________________________

4. Parla domani il presidente? _________________________________

5. Partono domani le studentesse francesi? ________________________

6. Vengono domani Anna e Bruno? ________________________________

I. *Answer each question in the affirmative. Follow the example.*

EXAMPLE Hanno venduto la casa? *Sì, l'hanno venduta.*

1. Hanno capito la conferenza? ____________________

2. Hanno portato il passaporto? ____________________

3. Ha comprato i broccoli e la marmellata? ____________________

4. Hanno ripetuto la stessa storia? ____________________

5. Ha preso il tram? ____________________

6. Hanno aspettato la cugina? ____________________

J. *Answer each question according to the example.*

EXAMPLE Perchè non lo guardate? *L'abbiamo già guardato ieri.*

1. Perchè non li aprite? ____________________

2. Perchè non la leggi? ____________________

3. Perchè non lo compri? ____________________

4. Perchè non la ripetete? ____________________

5. Perchè non li cambiate? ____________________

6. Perchè non le visitate? ____________________

K. *Translate the following sentences into Italian.*

1. It's a difficult lesson. I did not understand it.

____

2. Nobody invited me. Why?

____

3. Many students did not come yesterday.

____

4. She invited you to lunch but you did not accept (*accettare*). You preferred to stay home.

____

____

5. She did not go out; she stayed home all day.

____

6. Thank you, madam. You have been very kind (*gentile*).

____

7. They had a very good idea.

____

L. *Rewrite each sentence according to the example.*

EXAMPLE L'indirizzo è lungo. *Com'è lungo l'indirizzo!*

1. Gl'Italiani sono interessanti. ____________________________

____

2. La frittata è buona. ____

3. I dottori scrivono male. ____________________________________

4. I pronomi sono difficili. ____________________________________

5. Il viaggio è stato breve. ____________________________________

6. Il professore ha spiegato bene. ____________________________

____

7. Le compagne di Adriana parlano bene. ________________________

____

8. Gli esami sono stati facili. ________________________________

____

9. Siete brave. ____________________

10. Londra è grande. ____________________

M. *Rewrite each sentence according to the example.*

EXAMPLE Che bel ragazzo! *Quanti bei ragazzi!*

1. Che orologio vecchio! ____________________
2. Che signora gentile! ____________________
3. Che corso interessnate! ____________________
4. Che bravo professore! ____________________
5. Che frase breve! ____________________
6. Che panino delizioso! ____________________

N. *Write the dates of the following holidays and celebrations in Italian.*

EXAMPLE New Year's Eve (12/31) *È il trentuno dicembre.*

1. All Saints Day (11/1) ____________________
2. Christmas (12/25) ____________________
3. Halloween (10/31) ____________________
4. George Washington's birthday (2/22) ____________________
5. Valentine's day (2/14) ____________________
6. New Year's Day (1/11) ____________________

NAME_________________________________ DATE______________ CLASS______________

POSSESSIVE ADJECTIVES AND PRONOUNS
INTERROGATIVE ADJECTIVES AND PRONOUNS *QUALE* AND *QUANTO*
THE PARTITIVE (CONT'D)
PRESENT INDICATIVE OF *DARE* AND *STARE*

POSSESSIVES

	feminine		masculine	
(io)	la mia	le mie	il mio	i MIEI
(tu)	la tua	le tue	il tuo	i TUOI
(lui, lei)	la sua	le sue	il suo	i SUOI
(Lei)	la Sua	le Sue	il Suo	i SUOI
(noi)	la nostra	le nostre	il nostro	i nostri
(voi)	la vostra	le vostre	il vostro	i vostri
(loro)	la loro	le loro	il loro	i loro
(Loro)	la Loro	le Loro	il Loro	i Loro

WITH NOUNS DENOTING PEOPLE WHO ARE NOT RELATIVES

IL MIO	**dottore**	**I MIEI**	**dottori**
LA TUA	**compagna**	**LE TUE**	**compagne**
IL SUO	**maestro**	**I SUOI**	**maestri**
LA NOSTRA	**impiegata**	**LE NOSTRE**	**impiegate**
IL VOSTRO	**invitato**	**I VOSTRI**	**invitati**
LA LORO	**maestra**	**LE LORO**	**maestre**

WITH NOUNS DENOTING FAMILY RELATIONSHIP

-- MIO	**fratello**	**I MIEI**	**fratelli**
-- TUA	**cugina**	**LE TUE**	**cugine**
-- SUO	**cugino**	**I SUOI**	**cugini**
-- NOSTRA	**madre**	**LE NOSTRE**	**madri**
-- VOSTRO	**padre**	**I VOSTRI**	**padri**
LA LORO	**zia**	**LE LORO**	**zie**

A. *Ask questions using the appropriate form of* mio. *Follow the example.*

EXAMPLE (quaderno) *Dov'è il mio quaderno?*
(gettoni) *Dove sono i miei gettoni?*

1. (compagni) ______________________________
2. (panino) ______________________________
3. (cugina) ______________________________
4. (zie) ______________________________
5. (albergo) ______________________________
6. (cane) ______________________________

NAME______________________________ DATE____________ CLASS____________

7. (occhiali da sole) ____

8. (borsetta) ____

B. *Form sentences using the appropriate forms of* tuo.

EXAMPLE (professore) *Non conosco il tuo professore.*

1. (clienti) ____
2. (famiglia) ____
3. (madre) ____
4. (invitati) ____
5. (sorelle) ____
6. (fratello) ____

C. *Answer each question using the correct form of the possessive adjective.*

EXAMPLE È il maestro di Carlo? —*Sì, è il suo maestro.*

1. È la ragazza di Carlo? —Sì, è ________________ ragazza.
2. È la zia di Carlo? —No, non è ________________ zia.
3. Sono i compagni di Carlo? —Sì, sono ________________ compagni.
4. È la casa dei tuoi compagni? —Sì, è ________________ casa.
5. È lo zio di Luisa? —Sì, è ________________ zio.
6. Sono le idee della signorina? —Sì, sono ________________ idee.
7. È il cugino di Carlo e di Luisa? —No, non è ________________ cugino.
8. È la verdura di Giacomo? —Sì, è ________________ verdura.
9. Sono le voci delle ragazze? —No, non sono ________________ voci.
10. Sono gli invitati dei signori Borghini? —Sì, sono ________________ invitati.

D. *Answer each question using the correct form of the possessive adjective.*

EXAMPLE È nello studio dell'avvocato? *Sì, è nel suo studio.*

1. Viene dall'albergo di Giovanni?

____

2. Sono nel salotto delle zie?

____

3. Va al ricevimento degli zii?

____

4. È nella borsetta di Vanna?

____

5. Sono andati alle riunioni degli agenti di viaggio?

____

6. Siete stati nell'ufficio della signorina?

____

7. Sei davanti alla porta dell'ufficio del ragioniere?

____

8. Sei ritornata nella macchina del tuo papà?

____

E. *Answer each question according to the example.*

EXAMPLE È tuo fratello? *No, non è mio fratello. È il suo.*

1. Sono i tuoi cugini?

____

2. È il tuo vecchio zio?

____

3. È la tua città?

____

NAME________________________________DATE______________CLASS____________

4. Sono i tuoi attori preferiti?

____

5. Sono le tue canzoni favorite?

____

6. È il tuo ombrello?

____

F. *Fill in each blank with the possessive adjective that corresponds to the person addressed.*

1. Mamma, quando parte _______________ treno?
2. Dottore, è nuova _______________ macchina?
3. Signora, quando presenterà _______________ figli?
4. Signori, dov'è _______________ appartamento?
5. Zio, _______________ amica è francese?
6. Signorina, perchè non parla al _______________ insegnante?
7. Signorine, perchè non portano _______________ cugini?
8. Ragazze, telefonate spesso ai _______________ compagni?
9. Zia, ci sono molti impiegati nel _______________ ufficio?
10. Nonno, dove sono _______________ occhiali?
11. Signor Bianchi, come sta _______________ nipote (*f.*)?

Expressions to Remember:

1. a casa *mia*
   a casa *tua*
   a casa *sua*
   a casa *nostra*
   a casa *vostra*
   a casa *loro*

Mamma *mia*!
Dio *mio*!
Figlio *mio*!

2. Presento *mio* marito.
il *mio* ex-marito.
il *mio* futuro marito.

G. *Rewrite each sentence in the singular.*

1. I Suoi impiegati sono gentili.

____

2. I loro cugini sono partiti presto.

____

3. Le tue idee sono anche le mie.

____

4. Ci sono anche le vostre zie?

____

5. Che brutti scherzi sono i tuoi!

____

6. Le sue zie parlano molto.

____

7. Mi conoscono i tuoi compagni?

____

8. I miei fratelli sono arrivati ieri. Quando sono arivati i tuoi?

____

9. Le mie cugine sono state in una pensione.

____

10. Oggi i cornetti sono belli caldi.

____

NAME________________ DATE__________ CLASS__________

H. *Write a question for each statement using the correct form of* quale.

EXAMPLE Leggono questi libri. *Quali libri leggono?*

1. Preferiscono i mio giardino.

____

2. Ha trovato questo copia.

____

3. Ripetiamo le loro parole.

____

4. Ho studiato all'università di Roma.

____

5. Abbiamo parlato dell'alberto Hilton-Cavalieri.

____

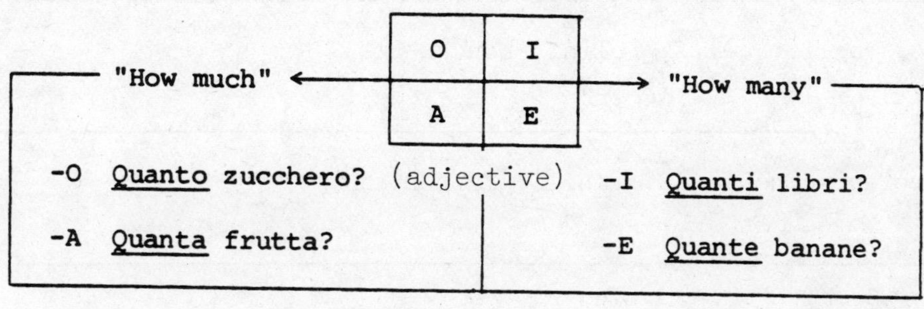

(adverb)

Quanto costa?

Quanto costano?

I. *Using the correct form of* quanto, *write a question applicable to each statement.*

EXAMPLE Ha due sorelle. *Quante sorelle ha?*

1. Compro due gettoni. ______________________________

2. Hanno invitato cento persone. ______________________________

3. Mangio molta carne. ______________________________

4. C'è molto zucchero. ______________________________

5. Conoscono molti Italiani. ______________________________

6. Di solito non abbiamo molti soldi. ______________________________

____

J. *Using the appropriate interrogative expression, form a question applicable to each statement.*

EXAMPLE Sei panini, grazie. *Quanti panini desidera?*

1. Costano mille lire la dozzina (*a dozen*).

____

2. No, voglio quei fagiolini, non questi.

____

3. Preferiscono le automobili giapponesi.

____

4. Di solito, non mangio troppa carne.

____

5. La pronuncia corretta è, naturalmente, la mia.

____

6. Solo quattro.

____

NAME_______________________DATE____________CLASS__________

K. *Answer each question as in the example.*

EXAMPLE Ha mangiato molti panini? *No, ha mangiato solamente qualche panino.*

1. Ha ripetuto molte parole difficili?

____

2. Ha parlato con molti clienti?

____

3. È andato a molte riunioni?

____

4. Ha visitato molte città italiane?

____

5. Ha risposto a molte domande?

____

6. Ha preso molti tassì?

____

L. *Answer each question as in the example.*

EXAMPLE Hai avuto qualche riunione ieri? *Sì, ho avuto alcune riunioni.*

1. C'è qualche buon esercizio in questo capitolo?

____

2. È sempre in ritardo qualche insegnante?

____

3. Ha pagato con qualche dollaro?

____

4. Preferisce il risotto alla veneziana qualche Italiano?

____

5. Abbiamo comprato qualche formaggio francese?

____

6. È molto vecchia qualche storia?

____

M. *Rewrite each sentence using another form of the partitive.*

1. Ho visto dei bei vestiti.

____

2. Ha mangiato solo un po' di carne e delle verdure.

____

3. In Italia abbiamo fatto alcune scampagnate.

____

4. Alcuni clienti preferiscono fare la spesa da Giacomo.

____

5. Desideri del caffè forte?

____

6. Ho imparato delle parole molto difficili.

____

N. *Complete each sentence with an appropriate partitive expression.*

1. Nella mia macchina ci sono ______________ persone.
2. Vado al cinema con ______________ compagna di università.
3. Vanna mangia solamente ______________ pane.
4. Ho ______________ parenti in Italia.
5. ______________ scherzo è brutto.
6. In primavera ci sono ______________ belle giornate.

NAME________________________________DATE______________CLASS____________

7. _______________ edifici della periferia di Roma sono belli.

8. La signora Borghini ha comprato _______________ pesce e _______________ frutta.

NAME____________________ DATE__________ CLASS__________

NEGATIVES
PRESENT INDICATIVE OF *DIRE* AND *FARE*
IDIOMATIC EXPRESSIONS WITH *FARE*

NEGATIVES

	When a negative word follows the verb, *non* must precede the verb.	When a negative word precedes the verb for emphasis, *non* is unnecessary.
nobody not ... anybody	*Non* (verb) *nessuno*	*Nessuno* (verb)
nothing not ... anything	*Non* (verb) *niente* (*nulla*)	*Niente* (*nulla*) (verb)
never	*Non* (verb) *mai*	*Mai* (verb)
neither ... nor	*Non* (verb) *nè ... nè*	*Nè ... Nè* (verb)
not even	*Non* (verb) *neanche*	*Neanche* (verb)
no more no longer	*Non* (verb) *più*	———

DOUBLE NEGATIVE ⟶ *non* + verb + negative word
for example: *Non vedo nessuno.*

SINGLE NEGATIVE ⟶ negative word + verb
for example: *Nessuno studia.*

Compare: { *Perchè non parla nessuno?*
Perchè nessuno parla?

A. *Answer each question as in the example.*

EXAMPLE Invita tutti? *No, non invita nessuno.*

1. Conosce tutti? ______________________________
2. Avete visto tutti? ______________________________
3. Telefoni a tutti? ______________________________
4. Rispondete a tutti? ______________________________
5. Ascolta tutti il professore? ______________________________
6. Hai capito tutti? ______________________________
7. Scrivete a tutti? ______________________________
8. Ha trovato tutti, signora? ______________________________

B. *Answer each question in the negative as in the example.*

EXAMPLE Ricordate tutto? *No, non ricordiamo niente.*

1. Capisce tutto tua sorella? ______________________________
2. Hai visto tutto? ______________________________
3. È tutto pronto? ______________________________
4. Paga tutto lui? ______________________________
5. Avete finito tutto? ______________________________
6. Tutto va bene? ______________________________

C. *Rewrite each sentence in the negative.*

EXAMPLE Lui sospira sempre. (ma io) *Lui sospira sempre, ma io non sospiro mai.*

1. Loro ordinano sempre caffè. (ma voi)

____

2. Noi parliamo sempre italiano. (ma loro)

____

NAME________________ DATE__________ CLASS__________

3. Lei telefona sempre. (ma noi)

____

4. I turisti ritornano sempre in vaporetto. (ma il gondoliere)

____

5. Tu hai sempre tempo. (ma lei)

____

6. Tuo zio cammina sempre. (ma i suoi figli)

____

7. Voi arrivate sempre in ritardo. (ma i vostri amici)

____

8. Io mangio sempre. (ma tu)

____

D. *Answer each sentence in the negative.*

EXAMPLE C'è ancora tempo? *No, non c'è più tempo.*

1. Aspettano ancora? ______________________________
2. Dormite ancora? ______________________________
3. Sei ancora giovane? ______________________________
4. Hai ancora voce? ______________________________
5. Abitate ancora a Firenze? ______________________________
6. Desideri ancora caffè? ______________________________

E. *Fill in the blank with the only correct negative expression.*

1. Non ho visto ______________ gondoliere.
2. Marina non dice ______________.

3. ________________ mi ascolta, purtroppo!

4. ________________ parola italiana finisce con z.

5. Perchè non date ________________ a questi ragazzi?

6. Loro non capiscono ________________ niente.

F. *Answer each sentence using the correct form of* nessuno. *Make all necessary changes.*

EXAMPLE Hai sorelle? *No, non ho nessuna sorella.*

1. Dà lezioni quel professore?

____

2. Desiderano qualche informazione, signori?

____

3. Conosci molti studenti veneziani?

____

4. Quante lettere hai scritto, ieri?

____

5. Avete visitato delle isole italiane?

____

G. *Form statements as in the example. Try to vary the subjects and use verbs appropriate to the context.*

EXAMPLE Roma o Firenze? (Venezia) *Non ho visitato nè Roma nè Firenze, ma ho visitato Venezia.*

1. Carne o pesce? (verdura)

____

2. Il Campanile o il Palazzo dei Dogi? (Palazzo Grimani)

____

NAME_______________________________DATE______________CLASS____________

3. Le sorelle o i fratelli? (I figli)

____

4. Lire o franchi? (dollari)

____

5. Francese o inglese? (italiano)

____

6. Caldo o freddo? (fresco)

____

7. Il tram o l'autobus? (il vaporetto)

____

8. In aprile o in maggio? (in giugno)

____

H. *Complete each sentence with the appropriate form of* dare, dire, *or* fare, *according to the context.*

1. Perchè (tu) _______________ sempre di no?
2. _______________ freddo in estate?
3. Quando il Presidente _______________ un ricevimento alla Casa Bianca, ti invita?
4. Ragazzi, quando _______________ "Arrivederci"?
5. Che tempo _______________ ieri?
6. Mamma, perchè non _______________ ma la pizza?
7. Gli impiegati non sempre _______________ tutte le informazioni necessarie.
8. Io _______________ sempre che voi siete molto intelligenti.

I. *Form new sentences based on the models, using the subjects in parentheses.*

1. Perchè *state* a casa quando *do* un ricevimento?

   (tu / loro) ______________________________

   (lui / tu) ______________________________

   (io / voi) ______________________________

2. Se *l'impiegato dà* le informazioni, *io dico* "Grazie".

   (loro / noi) ______________________________

   (voi / loro) ______________________________

   (noi / tu) ______________________________

   (io / Adriana) ______________________________

J. *Translate the following into Italian.*

1. It is raining today; it rained yesterday. What bad weather!

2. I am not going to the university today. It is hailing.

3. It never rains in my town.

4. It is always cool here in the summer.

5. It doesn't snow but it rains and it is cold.

____

6. There is nothing here.

____

7. There is nobody here.

____

8. Neither you (*tu*) nor I are in Italy now.

____

NAME________________________ DATE______________ CLASS____________

10

INDIRECT OBJECT PRONOUNS
THE VERB *PIACERE*
PRESENT INDICATIVE OF *SAPERE*
COMPARATIVE USE OF *SAPERE* AND *CONOSCERE*

OBJECT PRONOUNS

		DIRECT FORMS (whom?)		INDIRECT FORMS (to whom?)			
	Quando	mi	vede	mi	parla.		
	"	ti	"	ti	"		
	"	lo	"	gli	"		
	"	la	"	le	"		
when addressing a man or a woman →		La	"	Le	"		
	"	ci	"	ci	"		
	"	vi	"	vi	"		
	"		vede		parla	loro.	or: gli parla.
	"		vede		parla	loro.	
when addressing men →		Li	vede		parla	Loro.	
when addressing women →		Le	vede		parla	Loro.	

		DIRECT FORMS		INDIRECT FORMS			
	Quando	m'	ha visto	mi	ha parlato.		
	"	t'	"	ti	"		
	"	l'	"	gli	"		
	"	l'	la vista	le	"		
when addressing a man →		L'	ha visto	Le	"		
when addressing a woman →		L'	ha vista	Le	"		
	"	ci	ha visto	ci	"		
	"	vi	ha visto	vi	"		
	"	li	ha visti		"	loro.	or: gli ha parlato.
	"	le	ha viste		"	loro.	
when addressing men →		Li	ha visti		"	Loro.	
when addressing women →		Le	ha viste		"	Loro.	
		agreement		no agreement			

Watch the third person singular and plural!

	direct	indirect	
him	**LO conosco.**	**GLI telefono.**	**to him**
her	**LA conosco.**	**LE scrivo.**	**to her**
them (m.)	**LI invito.**	**Rispondo LORO. (or: GLI rispondo.)**	**to them (m.)**
them (f.)	**LE accompagno.**	**Rispondo LORO. (or: GLI rispondo.)**	**to them (f.)**

	direct	indirect	
you, Sir	**LA vedo.**	**LE parlo.**	**to you, Sir**
you, Madam	**LA vedo.**	**LE parlo.**	**to you, Madam**
you, gentlemen	**LI vedo.**	**Parlo LORO. (or: GLI parlo.)**	**to you, gentlemen**
you, ladies	**LE vedo.**	**Parlo LORO. (or: GLI parlo.)**	**to you, ladies**

A. *Answer each question as in the example.*

EXAMPLE Scrivi alla mamma? *Sì, le scrivo ogni giorno.*

1. Rispondete al professore?

____

2. Telefoni alle tue sorelle?

____

3. Parlate ai signori Wheaton?

____

4. Scrivete a Bruno e a Vanna?

____

5. Dà le informazioni ai turisti, il portiere?

____

6. Telefono agli amici, io?

____

B. *Expand each sentence as in the example.*

EXAMPLE Telefoniamo al ragioniere. *Oggi telefoniamo al ragioniere e gli abbiamo telefonato anche ieri.*

1. Scrivono ai loro cugini.

____

2. Oggi telefoni a tuo fratello.

____

3. Il commesso risponde ai clienti.

____

4. Parlate agli studenti.

____

5. Telefono a Franco e a Marina.

____

6. Rispondiamo alle ragazze.

____

C. *Answer each question in the first person singular or plural, using the appropriate direct or indirect object pronoun.*

EXAMPLES Non mi telefona, signora? *Sì, Le telefono.*
Non ci pagate? *Sì, vi paghiamo.*

1. Non mi mandi una lettera? ______________________
2. Non mi conoscete? ______________________
3. Non ci visitate? ______________________
4. Non mi capisce, professore? ______________________
5. Non mi dà le copie, signorina? ______________________
6. Non vi parlo di Napoli, io? ______________________
7. Non ci porta la lista, cameriere? ______________________
8. Non mi dai la mano? ______________________
9. Non ti invitano mai? ______________________
10. Non mi rispondete? ______________________

D. *Answer each question following the example.*

EXAMPLE Non avete ancora scritto a vostra madre?
Sì, le abbiamo già scritto.

1. Non hai ancora telefonato ai tuoi fratelli?

____

2. Non avete ancora parlato a suo marito?

____

3. Non ci avete ancora scritto?

____

4. Non ti ho ancora risposto?

____

5. Non abbiamo ancora parlato a quegli studenti?

____

NAME________________________________DATE______________CLASS____________

6. Non ci hanno ancora telefonato?

____

E. *Answer each question in the past tense using the first person singular.*

EXAMPLE Perchè non telefona a Mario? *Gli ho già telefonato.*
Perchè non paga il caffè? *L'ho già pagato.*

1. Perchè non saluta il portiere?

____

2. Perchè non invita anche sua moglie?

____

3. Perchè non telefonate a Maria?

____

4. Perchè non imposti queste lettere?

____

5. Perchè non parlano al commesso?

____

6. Perchè non vistate il Duomo e gli Uffizi?

____

7. Perchè non scrive alle Sue zie, dottore?

____

8. Perchè non affitti una Fiat?

____

F. *Complete each sentence with* lo, la, gli, le, *or* l'.

1. Quando vediamo Marina, _______ salutiamo.
2. Non _______ hai mandato neanche una cartolina? (a Bruno)
3. La professoressa mi domanda: "Come sta?" e io _______ rispondo: "Bene, grazie".
4. Quando il commesso parla italiano, _______ capiamo.
5. Ogni volta che vedo quel signore, _______ do la mano.
6. Abbiamo ordinato il pesce perchè a casa non _______ mangiamo mai.
7. Quando cominciamo una cosa, _______ finiamo.
8. Hai detto che Vanna è a casa perchè non sta bene? _______ telefono subito!
9. Chi è quella ragazza? _______ conosci?
10. Ecco il negozio. _______ vedi?
11. Quando sono venuti, _______ ho detto tutto.
12. Gianni non ha capito, e il professore _______ ha ripetuto la domanda.

NAME ______________________ DATE ____________ CLASS ____________

PIACERE (TO LIKE)

English: People like things.

Italian: To people things are pleasing.

A	**Carlo**	**piace**	**il caffè nero.**
Alla	**signorina**	**piace**	**l'America.**
A	**nessuno**	**piace**	**aspettare.**
A	**mia madre**	**piace**	**andare al cinema.**
Allo	**zio**	**piace**	**il vino bianco.**
Anche	**agli americani**	**piace**	**Napoli.**
Ai	**miei amici**	**piace**	**nuotare.**
Al	**professore**	**piace**	**leggere e ascoltare buona musica.**
A	**tutti**	**piace**	**parlare.**

A	**Carlo**	**piacciono**	**i fagiolini.**
A	**Maria**	**piacciono**	**gli spaghetti.**
A	**qualcuno**	**piacciono**	le automobili Fiat.
Ai	**giovani**	**piacciono**	**gli stranieri.**

		è piaciuto	**il pesce.**
A	**Carlo**	**è piaciuta**	**la passeggiata.**
Ai	**ragazzi**	**sono piaciuti**	**gli zucchini.**
		sono piaciute	**la carne e le verdure.**

PIACERE WITH PERSONAL PRONOUNS

English: I like things.

Italian: To me things are pleasing.

Mi piace la frittata.	Mi piacciono le giornate di primavera.
Ti piace il pesce.	Ti piacciono gli scherzi.
Gli piace la birra.	Gli piacciono i vini italiani.
Le piace leggere.	Le piacciono i viaggi in macchina.
Dottore, Le piace quell'edificio?	Le piacciono i miei occhi?
Signora, Le piace il mio ufficio?	Le piacciono gli italiani?
Ci piace mangiare.	Ci piacciono i tuoi compagni.
Vi piace camminare?	Vi piacciono le Cascine?
Piace loro la mia città. (or: Gli piace la mia città.)	Piacciono loro gli alberghi italiani. (or: Gli piacciono gli alberghi italiani.)
Signori, piace Loro Piazzale Michelangelo?	Piacciono Loro questi edifici?

Mi è piaciuto il Francobollo nuovo.

Mi è piaciuta l'insalata verde.

Mi sono piaciuti i questi formaggi.

Mi sono piaciute le macchine italiane.

NAME______________________DATE__________CLASS__________

G. *Rewrite each sentence, substituting* piacere *for* amare. *Make all necessary changes.*

EXAMPLE Tutti amano Firenze. *A tutti piace Firenze.*

1. Il signor Wheaton non ama aspettare.

____

2. I miei genitori amano l'architettura italiana.

____

3. Non tutti amano i vaporetti.

____

4. È vero che la signora Wheaton non ama le lingue straniere?

____

5. Il signor Borghini ama fare colazione a casa.

____

6. Molti amano la musica classica.

____

7. Chi non ama i bambini?

____

8. Il Doge non ama i turisti.

____

H. *For new questions and answers by replacing* il Duomo *with the words in parentheses and making all necessary changes.*

EXAMPLE Ti è piaciuto il Duomo? *Sì, mi è piaciuto. No, non mi è piaciuto.*

1. (la gita) ____

____

2. (il panorama) ______________________________

____

3. (i miei amici) ______________________________

____

4. (queste due città italiane) ______________________________

____

5. (questa città) ______________________________

____

6. (gli scherzi dello zio) ______________________________

____

I. *Form new sentences based on the models, using the subjects in parentheses.*

1. (Io) conosco quel signore ma in questo momento non so dire chi è.

   (noi) ______________________________

   ____

   (voi) ______________________________

   ____

   (neanche loro) ______________________________

   ____

   (tu) ______________________________

   ____

   (mia madre) ______________________________

   ____

2. (Noi) sappiamo il nome di alcuni edifici ma non conosciamo bene la città.

   (il signor Wheaton) ______________________________

   ____

(i signori Wheaton) ____

____

(io) ____

____

(tu e Franco) ____

____

J. *Complete each sentence with the appropriate form of* sapere *or* conoscere, *according to the context.*

1. Mi dispiace: anch'io sono un turista e non _______________ bene Firenze.
2. Franco, _______________ chi è quel signore?
3. Ieri (noi) _______________ i cugini di Vanna.
4. I portieri _______________ benissimo la città e _______________ i nomi di tutti i musei.
5. (Io) _______________ dove abita ma non lo _______________ bene.
6. Mi dispiace ma non _______________ quando il treno arriva.
7. Il portiere non _______________ se il museo è già aperto.
8. Il portiere _______________ alcuni ristoranti buoni e modesti.
9. No. Neanche noi _______________ cucinare.
10. _______________ dov'è Genova, ma non la _______________ molto bene.

NAME ______________________ DATE ____________ CLASS ____________

11

REFLEXIVE AND RECIPROCAL FORMS
FEMININE NOUNS AND ADJECTIVES ENDING IN *-CA* AND *-GA*

A. *Form new sentences on the models, using the subjects in parentheses.*

1. Quei ragazzi non si entusiasmano.

   (io) ______________________

   (tu e tuo marito) ______________________

   (noi due) ______________________

   (Lidia e Adriana) ______________________

   (tu) ______________________

   (Bruno) ______________________

2. I signori Wheaton si divertono molto.

   (voi tre) ______________________

   (anche tu) ______________________

   (noi) ______________________

   (Lidia) ______________________

   (io) ______________________

B. *Complete each sentence in the present tense.*

1. Alzarsi presto non è necessario, ma io ______________ presto ogni giorno.

2. È difficile vestirsi in cinque minuti, ma lei ______________ sempre in cinque minuti.

3. Non è una buon'idea sedersi, e noi non ______________ mai.

4. Non è necessario scusarsi, ma loro ______________ sempre.

5. È facile divertirsi, e voi ______________ molto.

6. Non desiderano vestirsi, ma ______________ lo stesso.

7. Quando desidera riposarsi, lui ______________.

8. Non ci piace svegliarci presto, ma noi ______________ presto ogni mattina.

C. *Form questions in the example.*

EXAMPLE Maria e Marina / vedersi *Quando si sono viste Maria e Marina?*

1. tu e lui / parlarsi

____

2. il signore e la signora Wheaton / alzarsi

____

3. tu (*f.*) e Vanna / telefonarsi

____

4. tu ed io / scriversi

____

5. io e Adriana / conoscersi

____

6. Lei e il professore / incontrarsi

____

NAME_______________________________DATE______________CLASS___________

D. *Complete each sentence with the correct form of the* passatto prossimo *of the verbs in parentheses.*

1. Scusi, signor Wheaton, perchè Lei (alzarsi) ________________

   tardi e non (fare) ________________ colazione?

2. Sì, io (divertirsi) ________________ perchè (vedere)

   ________________ un programma eccellente.

3. Loro due (vestirsi) ________________ alla svelta e (andare)

   ________________ in centro.

4. Marina (riposarsi) ________________ e poi (imbucare)

   ________________ le lettere.

5. Noi (sedersi) ________________ e poi (incominciare)

   ________________ a scrivere.

E. *Answer each question as in the example.*

EXAMPLE Quando si sono conosciute? (in aprile)
Si sono conosciute in aprile.

1. Quando vi siete parlati? (dopo la gita)

   ____

2. Quando ci siamo viste? (in primavera)

   ____

3. Quando vi siete telefonate? (ieri sera)

   ____

4. Quando ci siamo scritti tu ed io? (nel 1983)

   ____

5. Quando si sono incontrati tuo padre e tua madre? (nel 1960)

   ____

F. *Answer each question as in the example.*

EXAMPLE Chi si è alzato alle cinque? *Noi ci siamo alzati(e) alle cinque.*

1. Chi si è divertito alle Cascine? (loro due)

___

2. Chi si è addormentato sulla panchina? (i signori Wheaton)

___

3. Chi si è seduto a tavola? (tu ed io)

___

4. Chi si è riposato dopo la visita al Colosseo? (voi due)

___

5. Chi si è scusato molto? (il vigile)

___

G. *Provide a suitable question for each answer as in the example.*

EXAMPLE Perchè mi sono vestita a casa. *Perchè non ti vesti qui?*

1. Perchè ci siamo visti ieri.

___

2. Perchè ci siamo telefonate stamattina presto.

___

3. Perchè si sono scritti recentemente.

___

4. Perchè mi sono riposata prima della visita al Vaticano.

___

5. Perchè si sono fermate davanti al Colosseo.

___

6. Perchè mi sono seduta sull'autobus.

____

H. *Rewrite each sentence in the* passato prossimo.

1. Non si salutano (*greet*) quando si vedono.

____

2. Ragazzi, purtroppo vi parlate ma non vi capite.

____

3. Ci telefoniamo ogni giorno e ci scriviamo ogni domenica.

____

____

4. Dove si incontrano?

____

5. Ci guardiamo per molto tempo.

____

6. Ragazze, vi vedete spesso?

____

I. *Complete each sentence with the correct form of the appropriate verb. Use each verb only once.*

alzarsi / divertirsi / riposarsi / sedersi / scriversi

1. Oggi (io) ____________________ al tavolo del professore.

2. Non è vero: Marina e Vanna ____________________ prima del signor Borghini.

3. Mamma, ____________________ al museo, ieri?

4. Signori, perchè non ____________________ un momento sulla panchina? Non è tardi!

5. Quante lettere ____________________ tu e Bruno?

J. *Translate the following sentences into Italian.*

1. We know each other well; we live on the same street.

____

2. Why did she apologize?

____

3. Girls, why don't you speak to each other?

____

4. Did you get up early this morning, Mother?

____

5. They have a good time when they come to our house.

____

6. Did they phone one another yesterday?

____

7. Why don't you rest, now?

____

8. Nobody had a good time in that class!

____

K. *Complete each sentence with the appropriate form of the adjective.*

1. (simpatico) Quelle studentesse francesi sono molto ______________.
2. (magnifico) Questa veduta è proprio ______________.
3. (bianco) Preferisco le rose ______________.
4. (classico) Preferisco la musica ______________ en in generale tutte le opere ______________.
5. (lungo) Non so perchè, ma oggi le lezioni sono state molto ______________.

NAME________________________________DATE______________CLASS____________

L. *Rewrite each sentence in either the singular or the plural.*

1. Le sue amiche romane la visitano ogni giorno.

____

2. Quella banca è vicino all'albergo.

____

3. È una via lunga e panoramica.

____

4. Queste chiese sono molto antiche.

____

5. La banca è nuova ma l'ufficio postale è vecchio.

____

NAME________________________ DATE____________ CLASS____________

12

THE FUTURE TENSE
IDIOMATIC USE OF THE FUTURE
FUTURE OF *AVERE* AND *ESSERE*
FUTURE OF SOME IRREGULAR VERBS

A. *Rewrite each sentence in the future, using the adverbial expressions* domani *or* dopodomani *and the negative element* neanche.

EXAMPLE Oggi non ballo. *Neanche domani ballerò.*

1. Oggi non cenano a casa.

____

2. Oggi non piove.

____

3. Oggi non ritorniamo.

____

4. Oggi non prendete il gelato?

____

5. Oggi non scrivi ai tuoi genitori?

____

6. Oggi non ci divertiamo.

____

7. Oggi non approfittiamo del bel tempo.

____

8. Oggi Bob non si diverte.

____

B. *Answer each question in the future.*

EXAMPLE Adriana non arriva oggi? *No, arriverà domani.*

1. Non partono oggi? _______________________
2. Non parla oggi? _______________________
3. Non leggi oggi? _______________________
4. Non scendiamo al porto oggi? _______________________
5. Non cominciate a studiare oggi? _______________________
6. Non ritornate a Pompei oggi? _______________________
7. Non finisce oggi? _______________________
8. Non si salutano oggi? _______________________
9. Non scrivete oggi? _______________________
10. Non paghi oggi? _______________________

C. *Provide a suitable answer to each question.*

EXAMPLE A che ora vi alzerete domani? *Ci alzeremo alle undici.*

1. Dove studierai domani?

____

2. Porterete la macchina fotografica?

____

3. In quanto tempo ti vestirai?

____

4. Dove ti siederai al cinema?

____

5. Che cosa ordinerete al bar?

____

6. Dove farete una passeggiata?

____

7. Chi ripeterà questa domanda?

____

8. Chi pagherà oggi?

____

D. *Answer each question with a complete sentence as in the example.*

EXAMPLE Loro prenderanno un tassì. E tu? *Io non prenderò un tassì. Prenderò il tram.*

1. Noi ordineremo un cappuccino. E voi?

____

2. Io cenerò a casa. E Lei, signorina?

____

3. A Napoli farà caldo. E a Venezia?

____

4. Voi farete una gita a Capri. E io?

____

5. Pavarotti canterà delle antiche canzoni napoletane. E Placido Domingo?

____

6. Lui finirà il viaggio a Napoli. E noi?

____

E. *Rewrite each question in the future tense.*

1. C'è sempre sole a Napoli?

____

2. Ci sono rullini per macchine fotografiche in questo negozio?

____

3. C'è del vino bianco in casa?

____

4. C'è tempo per finire l'esame?

____

5. Ci sono tutti oggi?

____

F. *Answer each question using the indicated cues and the future tense to express conjecture or probability. Follow the example.*

EXAMPLE Dove sono? (ad Amalfi) *Saranno ad Amalfi.*

1. Che ore sono? (le dieci)

____

2. Dove vanno i tuoi amici? (in discoteca)

____

3. Che tempo fa a Roma oggi? (brutto tempo)

____

4. Che cos'è? (il Palazzo Reale)

____

5. Quanti anni ha il signor Wheaton? (cinquant'anni)

____

6. Che lingua parlano quei due? (francese o spagnolo)

____

7. Dove scendono? (davanti al teatro)

____

8. Che cosa comprano? (dei rullini)

____

G. *Answer each question using the cues in parentheses. Follow the example.*

EXAMPLE Perchè non si salutano? (Non si conoscono.)
Forse non si conosceranno.

1. Perchè fanno molti errori? (Sono stranieri.)

____

2. Perchè serve birra? (Non ha vino.)

____

3. Perchè non studiano l'italiano? (Preferiscono un'altra lingua.)

____

4. Perchè non si divertono? (Hanno troppo caldo.)

____

5. Perchè scherza sempre? (Ama gli scherzi.)

____

6. Perchè non canta? (Ha una brutta voce.)

____

7. Perchè non è in casa? (È in ufficio.)

____

8. Perchè non si divertono? (Sono stanchi.)

____

H. *Rewrite each sentence in the future.*

1. Se capisce la domanda, risponde.

____

2. Quando siamo in Italia vediamo molti affreschi.

____

3. Se studiate molto imparate presto e bene.

____

4. Se ho tempo lo faccio.

____

5. Quando abbiamo tempo visitiamo la Cappella Sistina.

____

6. Parte quando finiscono le lezioni.

____

I. *Following the example, answer each question in the negative.*

EXAMPLE Ci saranno lezioni il sabato? *Non ci sono mai lezioni il sabato.*

1. Darà molti esempi il professore?

____

2. Starà a casa tua sorella?

____

3. Porterai la macchina fotografica?

____

4. Farete fotografie?

____

5. Ti prenderà in giro il tuo amico?

____

6. Paghi tu?

____

7. Gli piacerà il vino?

____

J. *Following the example, answer each question in the future tense.*

EXAMPLE Hai ordinato il cappuccino? *No, ma lo ordinerò immediatamente.*

1. Avete pagato il conto?

____

2. Sono venuti?

____

3. Hai saputo la verità?

____

4. Avete fatto una passeggiata sul lungomare?

____

5. È andato via?

____

6. Ha fatto la fotografia a sua moglie, signor Wheaton?

____

7. Avete imbucato le cartoline?

____

8. Hanno chiamato il portiere?

____

K. *Complete each sentence with the correct form of the appropriate verb in the future tense.*

andare / avere / essere / dare / sapere / venire

1. Non li conosco ma _______________ italiani.

2. Professore, quando _______________ in Europa?

3. Quanti anni _______________ sua madre?

4. Io non so chi sono. Lo _______________ lui.

5. I miei genitori mi _______________ dei dollari e delle lire.

6. Se non vengono oggi _______________ domani.

NAME______________________ DATE______________ CLASS__________

13

CARDINAL NUMERALS AND THEIR USES
DATES
PRESENT INDICATIVE OF *VOLERE*
ADVERBS AND THEIR FORMATION

A. *Use the cues to answer each question.*

EXAMPLE Quanto avete pagato questo libro? (12.000)
L'abbiamo pagato dodicimila lire.

1. Quanto hai dato al tassita? (6.500)

____

2. Quanto ti è costato il viaggio a Firenze? (100.000)

____

3. Quanto hai pagato il biglietto dell'autobus? (750)

____

4. Quanto vi è costata la visita a Pompei? (25.000)

____

5. Quanto ti è costata la visita al Colosseo? (niente)

____

6. Quanto ha pagato Vanna le scarpe? (69.900)

____

B. *Complete each expression with the verb* fare *and the appropriate cardinal numeral. Follow the examples.*

EXAMPLES Tredici più quindici *fa(nno) ventotto.*
Venti meno cinque *fa(nno) quindici.*
Tre per tre *fa(nno) nove.*
Cento diviso dieci *fa(nno) dieci.*

1. Cento per due ______________________________

2. Tre per otto ______________________________

3. Duemila meno seicento ______________________________

4. Trecento più duecentosettanta ______________________________

5. Centoquaranta diviso cinque ______________________________

6. Cento per cento ______________________________

7. Un milione più centomila ______________________________

8. Milledue meno settecentododici ______________________________

C. *Complete each sentence by writing out the date in parentheses. Follow the example.*

EXAMPLE Siamo partiti (*on May 7, 1979*) *Siamo partiti il sette maggio millenovecento settantanove.*

1. Arriveranno (*on July 1*)

____

2. I miei genitori andranno in Italia (*in 1985*)

____

3. Hanno imbucato la lettera (*on January 16, 1984*)

____

4. Ha cambiato tutti i suoi assegni (*on December 31*)

____

5. Ha conosciuto suo marito (*on August 20, 1976*)

____

NAME____________________ DATE__________ CLASS________

D. *Translate the following sentences into Italian.*

1. Everybody knows that February has twenty-eight days.

2. She arrived at the end of April.

3. They came to America in 1960. They have been here twenvy-five years.

4. Italy is small but it has 56 million inhabitants (*abitanti*).

5. My father gave me a million lire.

6. If today is the tenth of the month, tomorrow will be the eleventh and the day after tomorrow the twelfth.

E. *Use the cues in parentheses to answers each question.*

EXAMPLE Vorrà mangiare? (bere) *No, vuole bere.*

1. Vorranno ritornare in tassì? (a piedi)

2. Vorrai vedere questo film di Antonioni? (un film di fantascienza)

3. Faranno la pizza? (il pane)

4. Vorrà sedersi nell'ultima fila? (nella prima fila)

____

5. Verranno domani? (oggi)

____

6. Vorrete lavorare fino alle otto? (fino alle sei)

____

F. *Following the example, form sentences from each set of words.*

EXAMPLE quello studente / studiare / diligente
Quello studente studia (ha studiato) diligentemente.

1. il signor Wheaton / camminare / veloce

____

2. generale / io / non fare colazione

____

3. loro / discutere / libero

____

4. noi / viaggiare / difficile

____

5. Pavarotti / cantare / meraviglioso

____

6. voi / venire / recente

____

NAME ______________________ DATE ______________ CLASS __________

14

THE PAST DESCRIPTIVE TENSE *(L'IMPERFETTO)*
PAST DESCRIPTIVE OF *AVERE*, *ESSERE*, AND *FARE*
USE OF THE PAST DESCRIPTIVE

A. *Rewrite each sentence using the subject in parentheses.*

1. Dormivo perchè avevo sonno.

(tutti) ______________________________

(anche noi) ______________________________

(tu) ______________________________

(tu e Vanna) ______________________________

(Gianni) ______________________________

2. Forse non studiava, ma si divertiva molto.

(anch'io) ______________________________

(quei due studenti) ______________________________

(io e Franco) ______________________________

(voi) ______________________________

(tu) ______________________________

3. Non sciavano perchè erano stanchi.

(mio padre) ______________________________

(tu e tuo fratello) ______________________________

(noi due) ______________________________

(solo tu) ______________________________

B. *Translate the following into Italian.*

1. he used to write ______________________________
2. we were sleeping ______________________________
3. she used to study ______________________________
4. I was learning ______________________________
5. who was walking? ______________________________
6. they were talking ______________________________
7. we used to be ______________________________
8. (boys) you used to believe ______________________________
9. (Sir) you were answering ______________________________
10. (Mom) you were speaking ______________________________

C. *Change* noi *to* loro *as in the example. Read both sentences aloud.*

EXAMPLE Sapevamo dov'eri. *Sapevano dov'eri.*

1. Capivamo sempre tutto.

____

2. Non sapevamo il tuo numero di telefono.

____

3. Non avevamo molti soldi.

____

4. Venivamo sempre nel pomeriggio.

____

5. Preferivamo viaggiare di mattina.

____

6. Non eravamo molto occupati.

____

7. Conoscevamo tutti gli studenti.

____

8. Imparavamo a sciare.

____

D. *Following the example, use the cues to answer each question.*

EXAMPLE Che cosa facevi quando eri a Roma? (visitare i musei / ogni giorni) *Visitavo i musei ogni giorno.*

1. Che cosa facevate quando eravate a Firenze? (andare alle Cascine / quasi ogni giorno)

____

2. Che cosa facevi quando studiavi l'italiano? (parlare con degli altri sardi / ogni mattina)

____

3. Che cosa facevate quando eravate in Vaticano? (di solito / visitare la Cappella Sistina)

____

4. Che cosa facevi quando andavi all'università? (studiare / lavorare / prendere molti caffè)

____

5. Che cosa facevate quando eravate alla mensa universitaria? (sedersi / ordinare pesce e insalata / mangiare)

____

6. Che cosa facevi quando visitavi la Cappella Sistina? (ammirare l'affresco del Giudizio Universale / per un'ora)

____

E. *Complete each sentence with either the* imperfetto *or the* passato prossimo, *according to the context.*

EXAMPLE Di solito pagava lui, ma quella volta *ho pagato* io.

1. Di solito arrivavano tardi, ma quel giorno ______________ presto.

2. Di solito riceveva solamente cartoline, ma quel giorno

   ______________ molte lettere.

3. Di solito ______________ in ritardo, ma quella mattina sono arrivati presto anche loro.

4. Di solito andavamo a New York in aereo, ma quella volta

   ______________ a New York in treno.

5. Di solito ______________ vino bianco, ma quella sera ho ordinato vino rosso.

6. Di solito passavamo l'estate in Francia, ma quell'anno

   ______________ l'estate in Inghilterra.

7. Di solito non ______________ cartoline a nessuno, ma quell'estate hai mandato cartoline a tutti.

8. Di solito mi ______________ a casa in automobile, ma quel giorno mi hanno accompagnato a casa in tassì.

9. Di solito andavo al museo, ma quel sabato ______________ al cinema con Gianni.

10. Di solito mangiavano pesce, ma quella sera ______________ carne.

NAME________________________________DATE_____________CLASS___________

F. *Restate each sentence in either the* imperfetto *or the* passato prossimo, *according to the context.*

1. Ogni sera, quando arriva a casa, mio padre domanda come stiamo.

____

____

2. È mercoledì e sono le due del pomeriggio: le lezione d'italiano finisce.

____

____

3. Sto all'Abetone una settimana e prendo la sciovia quasi ogni giorno.

____

____

4. La sciovia non funziona mai bene.

____

____

5. Partono alle cinque e fanno il pieno di benzina al distributore.

____

____

6. Che treno prendi per tornare a Firenze?

____

____

7. Le mie giornate sono sempre uguali. Ho tre lezioni ogni mattina. Ritorno a casa, poi, se ho lezioni nel pomeriggio vado ancora all'università, se no sto a casa. Qualche volta vado in biblioteca.

____

____

8. Il tempo è brutto e stiamo a casa.

G. *Translate the following into Italian.*

1. We were about to go out when he called.

2. The teacher was old.

3. I wasn't hungry and I didn't eat.

4. They didn't go skiing because they wanted to sleep.

5. He didn't buy gas because he didn't have any money.

6. It was snowing and we stayed at my house.

7. All of a sudden my mother started to ski.

8. When Gianni was very young he didn't like milk.

NAME________________________ DATE____________ CLASS__________

H. *Use the words below to form complete sentences in the past tense. Think twice about which tense you use.*

1. Franco e Gianni / partire / alle otto precise

    ____

2. Io / essere molto stanco / e non andare sulle piste

    ____

3. Dopo l'ultima discesa / io e mio padre / levarsi gli stivali

    ____

4. Anche tu / passare una piacevole giornata?

    ____

5. All'improvviso / (noi) decidere di tornare

    ____

6. Dove / (tu) imparare a parlare italiano / così bene?

    ____

NAME_______________ DATE_______________ CLASS_______________

15

RELATIVE PRONOUNS
IDIOMATIC USES OF THE PRESENT AND PAST TENSES
PRESENT INDICATIVE OF *DOVERE*, *POTERE*, AND *VOLERE*

RELATIVE PRONOUNS

il signore	che	è entrato	who whom that which
il treno	che	è partito	
le persone	che	hai visto	
i giornali	che	hai comprato	
l'università	di cui	parliamo	whom which (after prepositions)
gli zii	a cui	scriviamo	
la città	da cui	sono venuti	
il palazzo	in cui	abitate	
le ragazze	con cui	usciamo	
il tavolo	su cui	c'è il vino	
la ragione	per cui	siamo partiti	
Non ricordo	quello che	imparo.	what that which
Mangio	quel che	mi danno.	
Capiscono	ciò che	leggono.	
È	tutto quello che	devo fare.	all that
	Chi	trova un amico. trova un tesoro. (*treasure*)	he who the one who the ones who

IL QUALE, LA QUALE, I QUALI, LE QUALI

	il	QUALE
	la	QUALE
CHE *or*	i	QUALI
	le	QUALI

	del	QUALE
	della	QUALE
di CUI *or*	dei	QUALI
	delle	QUALI

	al	QUALE
	alla	QUALE
a CUI	ai	QUALI
	alle	QUALI

	dal	QUALE
	dalla	QUALE
da CUI *or*	dai	QUALI
	dalle	QUALI

	nel	QUALE
	nella	QUALE
in CUI	nei	QUALI
	nelle	QUALI

	con il	QUALE
	con la	QUALE
con CUI *or*	con i	QUALI
	con le	QUALI

	sul	QUALE
	sulla	QUALE
su CUI	sui	QUALI
	sulle	QUALI

	per il	QUALE
	per la	QUALE
per CUI *or*	per i	QUALI
	per le	QUALI

la città	della	quale	parliamo
i signori	ai	quali	ho telefonato
l'edificio	dal	quale	escono
le vie	nelle	quali	camminano
le matite	con le	quali	scrivo
i treni	sui	quali	viaggiamo
il presidente	per il	quale	abbiamo votato

TO AVOID AMBIGUITY:

Il figlio della signora che viaggia sempre.
Who is it that travels?

Il figlio della signora **il quale viaggia sempre.**
la quale viaggia sempre.

NAME ______________________ DATE ______________ CLASS ___________

A. *Following the example, combine each pair of sentences with the relative pronoun* che.

EXAMPLE Gli studenti vanno a sciare. Sono in vacanza.
Gli studenti che sono in vacanza vanno a sciare.

1. Gli Italiani vanno al bar per molte ragioni. Qualche volta prendono l'espresso.

____

____

2. L'Abetone è un centro invernale. È sugli Appennini.

____

3. I ragazzi preferivano sedersi fuori. Si chiamavano Adriana e Bob.

____

____

4. Alcuni film sono interessanti. Affrontano il problema politico.

____

5. La ragazza era la cugina di Adriana. Aveva una splendida macchina fotografica.

____

____

6. Il cameriere scherzava sempre. Non lavora più qui.

____

B. *Combine each pair of sentences with the relative pronoun.*

EXAMPLE Il libro è a casa. L'ho dimenticato.
Il libro che ho dimenticato è a casa.

1. I film affrontano problemi importanti. Li preferisco.

____

2. Il caffè ristretto non era abbastanza caldo. L'ho ordinato.

____

3. La neve è bianca e pulita. La preferiamo.

____

4. Il tè e il cappuccino sono bollenti. Il cameriere li ha portati.

____

5. La stanza è molto bella. L'abbiamo trovata in un vecchio albergo.

____

6. Le domande erano interessanti. Le facevi in classe.

____

C. *Complete each sentence with the appropriate relative pronoun.*

1. Conosci il signore ________________ è entrato nel bar?
2. Come si chiama l'aperitivo ________________ avete ordinato?
3. Quella è l'università ________________ ti ho parlato.
4. La sorella di Bob ________________ abita a Milano arriva oggi.
5. È difficile ________________ avete imparato?
6. Gli sci con ________________ scio sono nuovi.
7. ________________ capisce i relativi è bravo!
8. Ecco il treno dal ________________ devono scendere.
9. Non abbiamo capito ________________ ha spiegato.
10. Come si chiama il giovane con ________________ Adriana fa pratica d'inglese?
11. Ascoltiamo volentieri le parole di ________________ ha viaggiato molto.
12. Dove sono le lettere alle ________________ dobbiamo rispondere?
13. Dove sono i giornali ________________ ho comprato?

14. Voi fate sempre _______________ vi piace.

15. Il professore _______________ parlava con Gianni non è italiano.

D. *Change each sentence as in the example.*

EXAMPLE Ti conosco da molto tempo. *È molto tempo che ti conosco.*

1. Abitiamo qui da quindici anni.

____

2. Studio l'italiano da qualche mese.

____

3. Non si vedono da un anno.

____

4. Non mi telefona da alcuni giorni.

____

5. Da quanto tempo aspettate un tassì?

____

6. Piove da una settimana.

____

E. *Rewrite each sentence by replacing the underlined words with an alternate idiomatic expression.*

1. <u>Erano</u> anni <u>che</u> non andava a sciare.

____

2. Non si vedevano <u>da</u> alcuni mesi.

____

3. È <u>da</u> un anno <u>che</u> non c'è neve sulle montagne.

____

4. Frequento l'Università per Stranieri <u>da</u> due anni.

____

5. Non c'è una stanza libera <u>da</u> Natale.

____

6. <u>È</u> quasi un anno <u>che</u> Gianni non ci scrive.

____

F. *Translate the following sentences into Italian.*

1. They have lived in Mexico for two years.

____

2. I have been waiting for your invitation for a long time.

____

3. He has been teaching at this university for ten years.

____

4. I haven't played tennis for a long time.

____

5. They haven't spoken to each other for several days!

____

6. He hasn't gone to a bar for months.

____

G. *Complete each sentence with the appropriate present tense form of either* potere *or* volere.

1. Gianni non ______________ andare a sciare perchè non ha gli sci.
2. Mamma, ______________ acqua o preferisci un pò di vino?
3. Oggi non ordino un tè freddo. ______________ un caffè ristretto.

NAME_______________________________DATE______________CLASS____________

4. Mi dispiace molto ma non _______________ venire perchè non ho soldi.

5. Adriana e Franco non _______________ giocare a tennis perchè non hanno assolutamente tempo.

6. Professore, ho finito l'esame. Lo _______________?

H. *Translate the following into Italian.*

1. He must learn to play tennis.

____

2. We have to go now. We have been here for a long time.

____

3. Must you (*tu*) always joke?

____

4. She can't come today: she has to go to her cousin's.

____

5. Today she has to study but she will probably go out tomorrow.

____

6. We wanted to order an aperitif, but it was very expensive.

____

NAME________________________________DATE______________CLASS______________

16

SPECIAL USES OF THE DEFINITE ARTICLE
THE PREPOSITION *A*
PLURAL OF NOUNS AND ADJECTIVES ENDING IN *-CO* AND *-GO*

A. *Complete each sentence with the appropriate form of the definite article if necessary.*

1. ______ vita in Italia è piacevole.
2. Come sta Lei, ______ signor Borghini?
3. ______ signore e ______ signora Borghini sono arrivati.
4. Ritorneremo ______ cinque di dicembre.
5. No, non conosciamo ______ Sicilia.
6. Sì conosciamo molto bene ______ Pompei.
7. Dov'è ______ Veneto?

B. *Form questions from each group of words according to the example.*

EXAMPLE Roma / Marina *È a Roma Marina?*

1. Europa / i vostri amici

____

2. Spagna / i giocatori della Fiorentina

____

3. Palermo / i tuoi parenti

____

4. Sicilia / Palermo

____

5. Veneto / Venezia

____

6. Venezia / il Colosseo

____

7. Messico / Parducci

____

8. Capri / tua zia

____

9. Egitto / lo Scià

____

10. Francia / Madrid

____

C. *Following the example, use a geographical term to answer each question.*

EXAMPLE Dove andrai a sciare? *Andrò a sciare a Cortina d'Ampezzo.*

1. Dov'è Acapulco?

____

2. Dove giocherà la Fiorentina domenica prossima?

____

3. Dov'è molto popolare il calcio?

____

NAME________________________________DATE______________CLASS____________

4. Dove andrai a studiare lo spagnolo?

____

5. Dove ci sono molti laghi?

____

6. Dove andate se volete visitare la Cappela Sistina?

____

D. *Change each expression to the plural as in the example.*

EXAMPLE Che bel fuoco! *Che bei fuochi!*

1. Che bell'albergo! ______________________________
2. Che bel lago! ______________________________
3. Che catalogo lungo! ______________________________
4. Che medico simpatico! ______________________________
5. Che bella banca! ______________________________
6. Che bell'affresco! ______________________________
7. Che buon rinfresco! ______________________________
8. Che amica ricca! ______________________________
9. Che amico ricco! ______________________________
10. Che gioco difficile! ______________________________

E. *Rewrite each sentence in either the plural or the singular.*

1. È proprio un buon medico.

____

2. Quell'arbitro è greco.

____

3. State fresche!

____

4. Sarà stanco!

____

5. I tassì italiani sono verdi.

____

6. La tua giacca non è abbastanza lunga.

____

7. La banca non è vicina al teatro.

____

8. Ecco gli amici e le amiche di Michele.

____

9. Il lago è bianco perchè nevica.

____

10. L'amico di Mario è greco e non è molto ricco.

____

F. *Use the correct form of one of the adjectives below to complete each sentence. Use each adjective only once.*

antipatico / fresco / largo / lungo / poco / simpatico / stanco

1. Quelli che scherzano troppo sono ______________.
2. Non lavorate mai, però siete sempre ______________.
3. In montagna fa abbastanza ______________.
4. La penisola Italiana è ______________ ma non è ______________.
5. Sono molto contenta: ho fatto ______________ sbagli nell'esame.
6. La sorella di Adriana non mi è ______________ perchè parla troppo.

NAME ______________________ DATE ______________ CLASS ______________

17

DISJUNCTIVE PRONOUNS
ORDINAL NUMERALS
PLURAL OF NOUNS AND ADJECTIVES IN *-CIA* AND *-GIA*
DAYS OF THE WEEK

CONJUNCTIVE AND DISJUNCTIVE PRONOUNS COMPARED

They know me.	Mi conoscono.	They know us.	Ci conoscono.
They speak to me.	Mi parlano.	They speak to us.	Ci parlano.
They go out with me.	Escono con me.	They go out with us.	Escono con noi.
I know him.	Lo conosco.	I know them (*m.*).	Li conosco.
I speak to him.	Gli parlo.	I speak to them.	Parlo loro. (or: Gli parlo.)
I go out with him.	Esco con lui.	I go out with them.	Esco con loro.
I know her.	La conosco.	I know them (*f.*).	Le conosco.
I speak to her.	Le parlo.	I speak to them.	Parlo loro (or: Gli parlo.)
I go out with her.	Esco con lei.	I go out with them.	Esco con loro.
(*familiar singular*)		(*familiar plural*)	
I know you.	Ti conosco.	I know you.	Vi conosco.
I speak to you.	Ti parlo.	I speak to you.	Vi parlo.
I go out with you.	Esco con te.	I go out with you.	Esco con voi.

(*polite masculine singular*)		(*polite masculine plural*)	
I know you.	La conosco.	I know you.	Li conosco.
I speak to you.	Le parlo.	I speak to you.	Parlo Loro.
I go out with you.	Esco con Lei.	I go out with you.	Esco con Loro.
(*polite feminine singular*)		(*polite feminine plural*)	
I know you.	La conosco.	I know you.	Le conosco.
I speak to you.	Le parlo.	I speak to you.	Parlo Loro.
I go out with you.	Esco con Lei.	I go out with you.	Esco con Loro.

A. *Rewrite each sentence using the correct disjunctive pronoun.*

EXAMPLE È partito con Francesca. *È partito con lei.*

1. Siamo usciti con un famoso artista.

____

2. Comprerò un biglietto per la mia amica fiorentina.

____

3. L'hai fatto per tua madre?

____

4. Ha ricevuto una lettera da quel simpatico studente romano.

____

5. Abbiamo parlato della signorina Borghini.

____

6. Avete dato la mano anche ai giocatori?

____

7. Telefonerò a Francesca e a Luisa.

____

8. Ho scritto alle tue cugine, non a tua zia.

____

9. Abbiamo imparato molto da quel professore, ma non dagli altri due.

____

10. Perchè interrompi sempre la guida?

____

B. *Answer each question as in the example.*

EXAMPLE Li hanno invitati? *Sì, hanno invitato anche loro.*

1. Ti hanno invitato? ____________________________
2. Vi hanno ringraziato? ____________________________
3. Ci avete scritto? ____________________________
4. Lo avete ricordato? ____________________________
5. Le hanno risposto, signora? ____________________________
6. Le hai guardate? ____________________________
7. Gli ha telefonato? ____________________________
8. Le hanno aspettate? ____________________________
9. Li avete capiti? ____________________________
10. L'hai ascoltata? ____________________________

C. *Expand each sentence as in the example.*

EXAMPLE Li conoscono. *Conoscono solamente loro.*

1. Mi hanno riconosciuto. ____________________________

2. Gli risponderete. ______________________

3. Ti hanno detto ciao. ______________________

4. Le telefonavamo. ______________________

5. Le hanno salutate. ______________________

6. Lui mi guardava. ______________________

7. Vi accompagnerò. ______________________

8. Li ho visitati. ______________________

9. Ci interrompono sempre. ______________________

10. Ti ascolto. ______________________

D. *Rewrite each sentence in the singular. Make all necessary changes.*

EXAMPLE Sorridevano a voi. *Sorrideva a te.*

1. Telefonerete anche a noi?

____

2. Sono rientrati con loro.

____

3. Riconosciamo voi, non loro (*m.*).

____

4. L'abbiamo fatto per voi.

____

5. Parlavano sempre di noi.

____

6. Hanno scritto solamante a loro (*f.*).

E. *Translate the following into Italian.*

1. Did the children get dressed by themselves?

____

NAME________________________________DATE______________CLASS____________

2. He looked at him, not at her.

____

3. Do you want to take a tour of the city with us?

____

4. They wanted to talk about her.

____

5. Will you greet them too?

____

6. She spoke of him, not to him.

____

F. *Give either the cardinal or the ordinal number that corresponds to each of the following.*

1. trentuno ________
2. centesimo ________
3. millesimoprimo ________
4. settantacinque ________
5. ottantottesimo ________
6. quattrocentonovantatrè ________
7. dicecimilasettanta ________
8. ventesimoquarto ________

G. *Complete each sentence with the Italian equivalent of the words in parentheses.*

1. (*on Mondays*) ________________________ i musei sono chiusi.
2. (*every Friday*) ________________________ andavamo al cinema.
3. Bob e Adriana si vedranno (*Sunday*) ________________________.
4. (*Monday*) ________________________ è il primo giorno della settimana per gl'Italiani.
5. Sarà (*a beautiful Sunday*) ________________________.
6. Perchè non andate a lezione (*on Wednesday*) ________________________?

H. *Give either the singular or the plural of each expression.*

1. l'arancia dolce ______________________________

2. la toga lunga ______________________________

3. le dodicesime repliche ______________________________

4. le belle voci ______________________________

5. una quercia molto alta ______________________________

6. delle fatiche terribili ______________________________

7. la bugia impossibile ______________________________

8. delle allergie molto comuni ______________________________

9. un formaggio francese ______________________________

10. una barca lunga, larga e grigia

    ____

NAME_______________________DATE___________CLASS_________

18

PLURAL OF NOUNS AND ADJECTIVES (CONT'D.)
POSITION OF SUBJECT IN EMPHATIC SENTENCES
THE CONJUNCTIVE PRONOUN *NE*
DOUBLE OBJECT OF VERBS

A. *Rewrite each sentence in the plural.*

1. Quel violinista non è simpatico.

____

2. Paghi tu o paga il tuo amico?

____

3. Era il mio poeta preferito.

____

4. Suo zio non ha ancora ricevuto il telegramma e la foto.

____

5. Di quale vecchio albergo parli?

____

6. La loro tesi sarà molto lunga.

____

7. Il nuovo programma è lungo ma interessante.

____

8. Quale università preferisce Lei? Quale banca? Quale caffè?

____

____

B. *Rewrite each sentence, emphasizing the subject noun or pronoun. Follow the example.*

EXAMPLE T'accompagno alla stazione. *T'accompagno io alla stazione.*

1. Giancarlo mi ha invitato. ____________________
2. Ora ti siedi. ____________________
3. Rispondiamo sempre. ____________________
4. Il professore l'ha detto. ____________________
5. Loro lo faranno certamente. ____________________
6. Lei l'ha ringraziato. ____________________
7. Naturalmente lui lo vuole. ____________________
8. Voi lo direte a Francesca. ____________________

THE PRONOUN *NE*

Vedo	**delle arance**		**e**	**ne**	**compro.**	
Non vuoi	**formaggio?**		**No, non**	**ne**	**voglio.**	
Quante	**sorelle**	**ha?**		**Ne**	**ho**	**due.**
Legge molti	**giornali?**		**Sì,**	**ne**	**leggo**	**molti.**
Quanto	**zucchero**	**vuole?**		**Ne**	**voglio**	**poco.**

NAME________________ DATE__________ CLASS__________

Ne is used to replace the partitive (meaning *some* or *any*) numbers and expressions of quantity (corresponding to the English *of it*, *of them*). *Ne* is always expressed.

Non sappiamo niente	di Maria;	non	ne	sappiamo niente.
Hanno paura	degli esami;		ne	hanno paura.
La pagina è piena	di errori;		ne	è piena.
Parla sempre	di politica;		ne	parla sempre.

Ne is also used to replace phrases consisting of *di* + noun (meaning *of him*, *of her*, *of them*, *of it*). It can refer to persons or things.

CE NE ...

C'è	del vino?	Ce	n'	è.
Ci sono	ristoranti italiani;	ce	ne	sono.
C'era	molta gente;	ce	n'	era molta.
C'erano	pochi stranieri;	ce	n'	erano pochi.

C. *Following the example, rewrite each sentence by replacing the underlined expression with the conjunctive pronoun* ne.

EXAMPLE Vuole del pane. *Sì, ne vuole sempre.*

1. Facciamo degli sbagli.

____

2. Parla della poesia di Montale.

____

3. Discutevano di accenti regionali.

___

4. Avete fatto delle belle scampagnate.

___

5. Do dei corsi sulla cultura italiana.

___

6. Vuoi del formaggio francese, vero?

___

D. *Provide suitable questions using the words in parentheses. Follow the example*

EXAMPLE Sì, ne voglio. (la birra) *Vuoi della birra?*

1. Sì, ne hanno parlato. (le maschere italiane)

___

2. Sì, ne prendo qualche volta. (il vino)

___

3. Eugenia ne parla continuamente. (lui)

___

4. Sì, ogni giorno ne compriamo. (i broccoli, gli zucchini, le arance)

___

5. Sì, ne ho viste. (le rappresentazioni della Commedia dell'Arte)

___

6. Sì, ne abbiamo scritte una diecina. (le cartoline)

___

E. *Answer each question using the conjunctive pronoun* ne.

1. Fate molte telefonate?

___

NAME________________________________DATE______________CLASS___________

2. Hai visto qualche opera italiana?

____

3. Quanto zucchero vuoi?

____

4. Quanti panini mangia il signor Borghini?

____

5. Quante fotografie farai?

____

6. Quanti libri avete comprato per il corso d'italiano?

____

DOUBLE OBJECT PRONOUNS

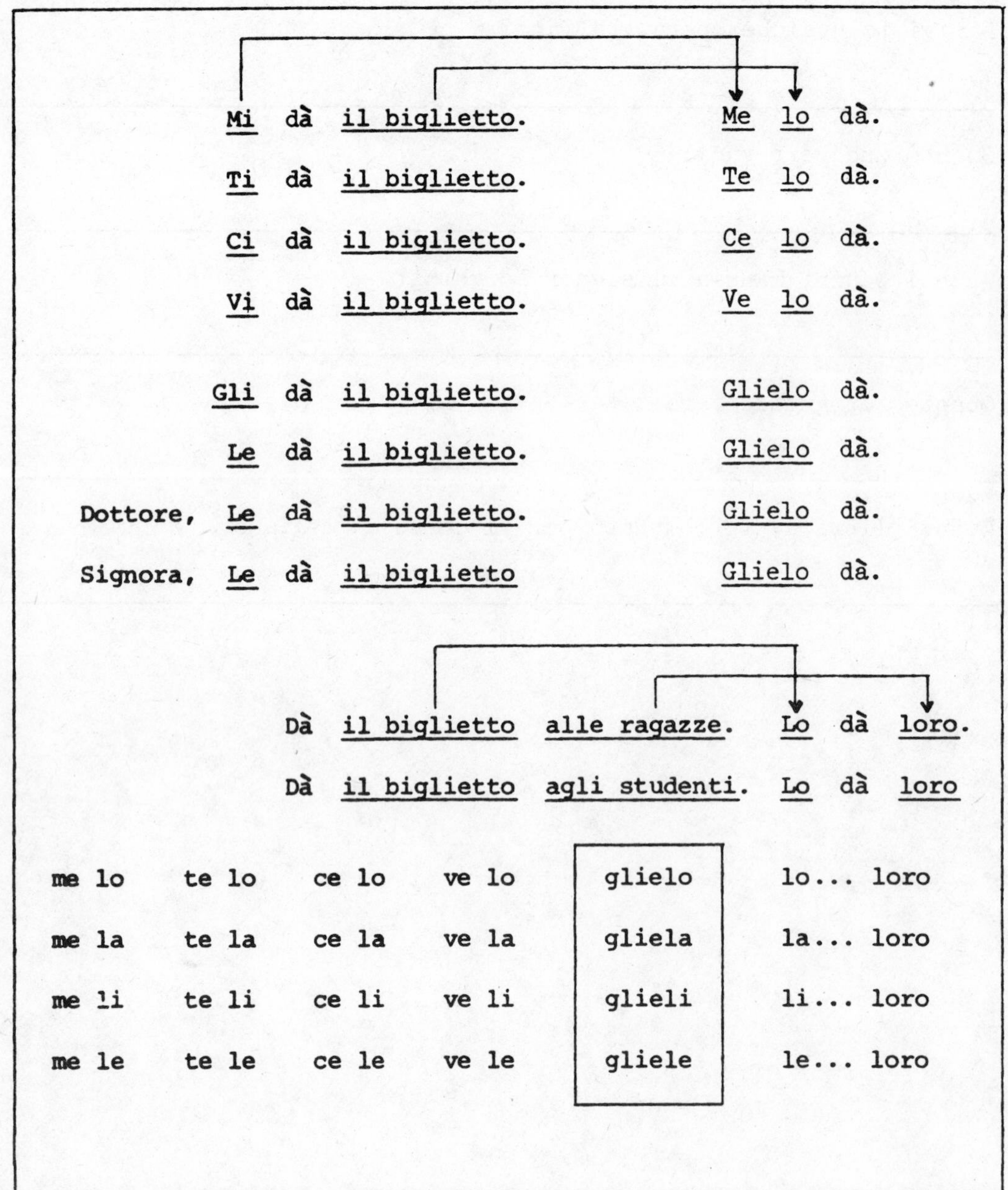

Mi dà il biglietto. Me lo dà.
Ti dà il biglietto. Te lo dà.
Ci dà il biglietto. Ce lo dà.
Vi dà il biglietto. Ve lo dà.
Gli dà il biglietto. Glielo dà.
Le dà il biglietto. Glielo dà.
Dottore, Le dà il biglietto. Glielo dà.
Signora, Le dà il biglietto Glielo dà.
Dà il biglietto alle ragazze. Lo dà loro.
Dà il biglietto agli studenti. Lo dà loro
me lo te lo ce lo ve lo glielo lo... loro
me la te la ce la ve la gliela la... loro
me li te li ce li ve li glieli li... loro
me le te le ce le ve le gliele le... loro

NAME______________________________DATE______________CLASS__________

F. *Rewrite each question by substituting an object pronoun for the underlined noun and making any necessary changes. Follow the example.*

EXAMPLE Mi ripete la domanda? *Me la ripete?*

1. Ti pagano il viaggio? ______________________________
2. Ci porterà quei libri di poesia? ______________________________
3. Vi mandiamo il biglietto per la rappresentazione? ______________________________
4. Mi dai le dispense? ______________________________
5. Gli date la mano? ______________________________
6. Le scrivo la lettera? ______________________________
7. Vi hanno fatto una telefonata? ______________________________
8. Ti dirà i nomi? ______________________________
9. Ti ha spiegato le eccezioni? ______________________________
10. Gli leggete i versi in italiano? ______________________________

G. *Answer each question affirmatively, substituting double object pronouns for the underlined nouns. Follow the example.*

EXAMPLE Avete mandato i fiori alla signora?
Sì, glieli abbiamo mandati.

1. Avete dato i biglietti alla signorina?

   Sì, ______________________________

2. Avete scritto una cartolina al vostro amico?

   Sì, ______________________________

3. Avete fatto la telefonata alla zia?

   Sì, ______________________________

4. Avete ripetuto la domanda al poeta?

Sì, ______________________________

5. Avete venduto la vostra casa al Signor Rossi?

Sì, ______________________________

6. Avete portato i soldi all'impiegato?

Sì, ______________________________

7. Avete riletto le poesie comiche ai bambini?

Sì, ______________________________

8. Avete mandato i cataloghi al professore?

Sì, ______________________________

9. Avete detto le bugie alla mamma?

Sì, ______________________________

10. Avete pagato il conto al cameriere?

Sì, ______________________________

H. *Answer each question as in the example.*

EXAMPLE Perchè non me lo spiegate? *Te l'abbiamo spiegato ieri!*

1. Perchè non ce la porti?

____

2. Perchè non me li dai?

____

3. Perchè non gliele chiedete?

____

4. Perchè non glielo insegnate?

____

NAME______________________________DATE_____________CLASS___________

5. Perchè non ce lo dici?

____

6. Perchè non gliela ripete, signora?

____

7. Perchè non me lo vendete?

____

8. Perchè non me la paghi?

____

I. *Answer each question as in the example.*

EXAMPLE Quante poesie hai letto? (10) *Ne ho lette dieci.*

1. Quante rappresentazioni ha dato? (3)

____

2. Quante telefonate ci hai fatto? (molte)

____

3. Quanti musei avete visitato? (4 o 5)

____

4. Quante lettere gli avete scritto? (una diecina)

____

5. Quante rose le ha mandato? (una dozzina)

____

6. Quanti romanzi ha scritto Moravia? (moltissimi)

____

NAME________________________DATE__________CLASS________

19

THE IMPERATIVE
THE IMPERATIVE OF *ESSERE* AND *AVERE*
THE NEGATIVE IMPERATIVE
SOME IRREGULAR IMPERATIVES

THE IMPERATIVE: ENDINGS FOR THE THREE CONJUGATIONS

	1st	2nd	3rd	3rd
	-are	**-ere**	**-ire**	**-ire (-isc)**
(tu)	**-A**	**-I**	**-I**	**-ISCI**
(Lei)	**-I**	**-A**	**-A**	**-ISCA**
(Loro)	**-INO**	**-ANO**	**-ANO**	**-ISCANO**
(*let's*)	**-IAMO**			
(voi)	**-ATE**	**-ETE**	**-ITE**	
(tu) NON +	**-ARE**	**-ERE**	**-IRE**	

A. *Complete each sentence with the correct form of the imperative.*

EXAMPLE Se vuoi scrivere, *scrivi*!

1. Se vuoi salutare, ______________!
2. Su vuoi leggere, ______________!
3. Se vuoi telefonare, ______________!
4. Se vuoi entrare, ______________!
5. Se vuoi finire, ______________!
6. Se vuoi mangiare, ______________!
7. Se vuoi pagare ______________!
8. Se vuoi scommettere, ______________!

B. *Complete each sentence with the correct negative command.*

EXAMPLE Signorina, se non può parlare, non *parli!*

1. Se non può partire, non ______________!
2. Se non può correre, non ______________!
3. Se non può capire, non ______________!
4. Se non può sorridere, non ______________!
5. Se non può nuotare, non ______________!
6. Se non può aprire, non ______________!
7. Se non puo` continuare, non ______________!
8. Se non può scendere, non ______________!

C. *Complete each sentence with the correct affirmative command.*

EXAMPLE Signori, siano gentili, *finiscano!* (finire)

1. Signori, siano gentili, ______________! (telefonare)
2. Signori, siano gentili, ______________! (rispondere)

NAME______________________________DATE______________CLASS____________

3. Signori, siamo gentili, _______________! (pagare)

4. Signori, siano gentili, _______________! (scendere)

5. Signori, siano gentili, _______________! (ascoltare)

6. Signori, siano gentili, _______________! (aprire)

7. Signori, siano gentili, _______________! (ordinare)

8. Signori, siano gentili, _______________! (leggere)

D. *Make the following commands negative.*

EXAMPLE Carlo, ordina il caffè! *Carlo, non ordinare il caffè!*

1. Carlo, apri la porta!

____

2. Carlo, chiama il cameriere!

____

3. Carlo, finisci l'esercizio!

____

4. Carlo, scrivi dall'Italia!

____

5. Carlo, continua le vecchie tradizioni!

____

6. Carlo, paga i biglietti!

____

7. Carlo, prendi la sciovia!

____

8. Carlo, pensa a Francesca!

____

E. *Restate the commands as in the example.*

EXAMPLE Maria, non gridare! *Ragazzi, non gridate, vi prego.*

1. Maria, non aprire!

___

2. Maria, non perdere il passaporto!

___

3. Maria, non sbagliare!

___

4. Maria, non correre!

___

5. Maria, non partire!

___

6. Maria, non improvvisare!

___

7. Maria, non cambiare i dollari!

___

8. Maria, non scommettere!

___

F. *Restate each command as in the example.*

EXAMPLE Signorina, non aspetti *Adriana, non aspettare!*

1. Signorina, non vada a casa!

___

2. Signorina, non scriva tutte le frasi!

___

NAME____________________ DATE__________ CLASS__________

3. Signorina, non abbia fretta!

____

4. Signorina, non parta prima di me!

____

5. Signorina, non faccia niente!

____

6. Signorina, non sia impaziente!

____

7. Signorina, non apra la porta!

____

8. Signorina, non legga ad alta voce!

____

9. Signorina, non venga qui!

____

10. Signorina, non sbagli sempre tutto!

____

G. *Complete each sentence with the correct form of the imperative.*

1. (confessare) Figlio mio, __________ tutto!
2. (venire) Francesca, __________ qui!
3. (avere) Signori, __________ pazienza!
4. (finire) Graziella, non __________ troppo in fretta!
5. (sapere) Ragazzi, __________ che oggi ho fretta.
6. (lasciare) Signore e signori, non __________ a casa i passaporti.
7. (andare) Zia, __________ a casa del nonno!

8. (venire) Dottore, _______________ presto!

9. (fare) Dottore, _______________ presto!

10. (essere) Franco, non _______________ sciocco!

H. *Complete each sentence with the imperative of the appropriate verb. Use each verb only once.*

avere / essere / fare / guardare / pensare / venire

1. Signorina, _______________ se il professore è arrivato.

2. Ragazzi, _______________ qui subito!

3. Ragazze, _______________ presto!

4. Giancarlo, _______________ prima di parlare.

5. Professore, _______________ paziente, almeno una volta.

6. Signore e signori, _______________ pazienza. La pazienza è una grande virtù.

NAME______________________________ DATE______________ CLASS____________

20

IRREGULAR IMPERATIVES (CONT'D.)
CONJUNCTIVE PRONOUNS WITH IMPERATIVES
COMPARISON OF EQUALITY AND INEQUALITY

A. *Following the example, restate each sentence as a negative command.*

EXAMPLE Vanna, tu proponi domande troppo generali.
Vanna, non proporre domande troppo generali!

1. Il professore finisce la conferenza.

____

2. Bob, tu sei sciocco.

____

3. I professori dicono sempre come dobbiamo fare.

____

4. La professoressa sta a Roma molto tempo.

____

5. Ragazzi, voi fate sempre tardi.

____

6. Marina, tu intavoli la discussione ed esprimi la tua opinione.

____

7. Il dottore viene a casa nostra.

____

8. Il signor Borghini dà soldi a Marina.

____

9. Anna e Graziella finiscono la discussione in fretta.

____

10. La signora dice "Ciao!" a Giacomo.

____

B. *Tell a close friend to do the following things.*

1. non fare domande assurde

____

2. dire la verità

____

3. dare il programma a Giancarlo

____

4. andare a vedere la rappresentazione della Commedia dell'Arte

____

5. essere più animato(a)

____

6. stare zitto(a)

____

7. finire il dialogo

____

8. conoscere l'opinione degli altri

____

NAME________________ DATE________ CLASS________

C. *Tell Franco and Graziella (two friends) to do each action mentioned in Exercise B.*

1. ______________________________

2. ______________________________

3. ______________________________

4. ______________________________

5. ______________________________

6. ______________________________

7. ______________________________

8. ______________________________

POSITION OF PRONOUNS WITH THE IMPERATIVE

Positive command ↓	Negative command		
Alzati.	Non ti alzare.		Non alzarti.
Alzatevi.	Non vi alzate.		Non alzatevi.
Alziamoci.	Non ci alziamo.	OR	Non alziamoci.
Si alzi.	Non si alzi.		Non si alzi.
Si alzino.	Non si alzino.		Non si alzino.
Compralo.	Non lo comprare.		Non comprarlo.
Compratelo.	Non lo comprate.		Non compratelo.
Compriamolo.	Non lo compriamo.	OR	Non compriamolo.
Lo compri.	Non lo compri.		Non lo compri.
Lo comprino.	Non lo comprino.		Non lo comprino.

Telefona loro. OR Telefonagli.	Non telefonare loro. OR Non gli telefonare.
Telefonate loro. OR Telefonategli.	Non telefonate loro. OR Non gli telefonate.
Telefoniamo loro. OR Telefoniamegli.	Non telefoniamo loro. OR Non gli telefoniamo.
Telefoni loro. OR Gli telefoni.	Non telefoni loro. OR Non gli telefoni.
Telefonino loro. OR Gli telefonino.	Non telefonino loro. OR Non gli telefonino.

D. *Restate each command by changing the subject of the imperative from* Lei *to* tu. *Make all necessary changes.*

EXAMPLE Mi telefoni domani. *Telefonami domani.*

1. Ci spieghi tutto. ______________________________

2. Le porti un panettone. ______________________________

NAME________________________________DATE________________CLASS_____________

3. Gli risponda gentilmente. ______________________________

4. Si fermi un momentino. ______________________________

5. Lo legga in silenzio. ______________________________

6. Li ripeta molte volte. ______________________________

7. Si sieda qui con me. ______________________________

8. La accompagni a teatro. ______________________________

E. *Restate each command by changing the subject of the imperative from* voi *to* Loro. *Make all necessary changes.*

EXAMPLE Scusatevi per il ritardo. *Si scusino per il ritardo.*

1. Fateci un favore. ______________________________

2. Scrivetelo sul copione. ______________________________

3. Comprateli nel ridotto del teatro. ______________________________

____

4. Datele un po' di tempo. ______________________________

5. Telefonateci stasera. ______________________________

6. Vestitevi subito. ______________________________

7. Ditemi dov'è. ______________________________

8. Alzatevi alle sette. ______________________________

F. *Following the example, form an affirmative and negative command with each verb.*

EXAMPLE sedersi (Lei) *Si sieda! Non si sieda!*

1. prepararsi (voi) ______________________________

2. fermarsi (tu) ______________________________

3. alzarsi (noi) ______________________________

4. preoccuparsi (Loro) ______________________________

5. entusiasmarsi (tu) ______________________________

6. addormentarsi (voi) ______________________________

7. mettersi a sedere (tu) ______________________________

8. scusarsi (Lei) ______________________________

G. *Restate each question in the imperative according to the example.*

EXAMPLE Perchè non le invitiamo? *Invitiamole*!

1. Perchè non gli telefoni? ______________________________!

2. Perchè non le parla? ______________________________!

3. Perchè non le ringraziamo? ______________________________!

4. Perchè non le rispondono? ______________________________!

5. Perchè non ti scusi? ______________________________!

6. Perchè non la segue? ______________________________!

7. Perchè non lo proponete? ______________________________!

8. Perchè non ci parlano? ______________________________!

9. Perchè non mi dici cosa preferisci? ______________________________!

10. Perchè non lo dai a Franco? ______________________________!

H. *Rewrite each sentence as in the example.*

EXAMPLE Roma è bella; anche Napoli è bella. *Napoli è bella come Roma.*

1. L'italiano è facile; anche lo spagnolo è facile.

____

2. Bruno era simpatico; anche Franco era simpatico.

____

3. Le tue lettere saranno lunghe; anche le mie lettere saranno lunghe.

____

4. I Suoi genitori sono vecchi; anche i nostri genitori sono vecchi.

____

5. La letteratura classica è importante; anche la letteratura moderna è importante.

____

I. *Form comparative sentences as in the example.*

EXAMPLE Verona è bella, ma Venezia è più bella.
Venezia è più bella di Verona.

1. Le piazze sono affollate, ma le stazioni sono più affollate.

____

2. Il signor Wheaton sarà ricco, ma il signor Getty sarà più ricco.

____

3. La tua opinione era interessante, ma la mia opinione era più interessante.

____

4. Gli impiegati sono stati gentili, ma le impiegate sono state più gentili.

____

5. Lo zucchero è necessario, ma il sale è più necessario.

____

J. *Compare each set of nouns as in the example.*

EXAMPLE Ci sono poche ragazze ma molti ragazzi.
Ci sono più ragazzi che ragazze.

1. C'è poco caffè ma molto zucchero.

____

2. Ho visto pochi Americani ma molti Inglesi.

____

3. Compreremo molti francobolli ma poche cartoline.

____

4. Avevo poca fame ma molta sete.

____

5. C'erano molte gondole ma pochi vaporetti.

____

K. *Form comparative sentences as in the example.*

EXAMPLE Quel ragazzo è bello e simpatico.
Quel ragazzo è più simpatico che bello.

1. Quel dialogo è lungo e preciso.

____

2. L'esame era difficile e lungo.

____

3. Sarà una discussione intelligente e animata.

____

4. Tu sei studioso e attento.

____

5. Questo autobus è veloce e comodo.

____

NAME________________________________DATE______________CLASS___________

L. *Without changing its meaning, rewrite each sentence substituting* meno *for* più.

EXAMPLE Venezia è più bella di Verona.
Verona è meno bella di Venezia.

1. Via Garibaldi è più pittoresca di Via Roma.

____

2. La carne costa più del pesce.

____

3. Mio fratello è più intelligente di mia sorella.

____

4. Le ragazze studiano più dei ragazzi.

____

5. I libri costano più dei giornali.

____

M. *Complete each sentence with* di, che, *or* di quel che.

1. Lui non è più giovane ______________ lei.
2. Mario ha più soldi ______________ idee.
3. Luisa è più intelligente ______________ brillante.
4. L'italiano è più difficile ______________ dicono.
5. I miei compagni studiano meno ______________ me.
6. Conosciamo più Inglesi ______________ Francesi.
7. Milano è più grande ______________ Roma.
8. Ci hanno mandato più cartoline ______________ lettere.
9. Questa chiesa è più vecchia ______________ quella.
10. Costerà più ______________ cinque dollari.

NAME________________________________DATE_______________CLASS___________

21

THE PAST PERFECT TENSE
ADVERBIAL PRONOUNS OF PLACE
THE RELATIVE SUPERLATIVE

A. *Following the example, use the verbs in parentheses to form sentences in the past perfect tense.*

EXAMPLE (ha visto) *Sì, l'aveva visto.*

1. (hanno scritto) ________________________________
2. (abbiamo finito) ________________________________
3. (hai detto) ________________________________
4. (hanno interrotto) ________________________________
5. (ho spiegato) ________________________________
6. (avete guardato) ________________________________

B. *Answer each question in the past perfect tense as in the example.*

EXAMPLE L'avevate già ricevuto?
Sì, l'avevamo ricevuto la settimana scorsa.

1. Li avevate già visitati?

____

2. Avevate già incominciato a leggere?

____

3. Ti aveva già detto tutto?

____

4. L'avevi già finito?

____

5. Era già cominciato lo sciopero?

____

6. Vi eravate già viste?

____

7. Gli avevi già telefonato?

____

C. *Form new questions and answers as in the example.*

EXAMPLE (vedere) *Li hai visti ieri? No, li avevo visti molto tempo fa.*

1. (conoscere) ____

____

2. (incontrare) ____

____

3. (ricevere) ____

____

4. (prendere) ____

____

5. (chiamare) ____

____

6. (fare) ____

____

NAME________________________________DATE______________CLASS____________

D. *Expand each statement as in the example.*

EXAMPLE Sì, ci siamo visti ieri *ma c'eravamo visti anche ieri l'altro.*

1. Sì, mi sono divertita ieri ______________________________________

2. Sì, sono usciti ieri ______________________________________

3. Sì, sei arrivato tardi ieri ______________________________________

4. Sì, c'è stato uno sciopero ieri ______________________________________

5. Sì, vi siete telefonati ieri ______________________________________

6. Sì, Adriana e Franco si sono scritti ieri ______________________________________

7. Sì, vi siete parlati ieri ______________________________________

8. Sì, ci siamo andati ieri ______________________________________

E. *Make a sentence out of each group of words below, using the past perfect tense and the adverb* già.

EXAMPLE 20 anni / io / visitare l'Italia
A vent'anni avevo già visitato l'Italia.

1. 25 anni / i miei nonni / arrivare negli Stati Uniti

____

2. 18 anni / voi / imparare l'italiano

____

3. 15 anni / mio padre / studiare la storia greca

____

4. 30 anni / i nostri genitori / ritornare in Europa

____

5. 23 anni / questa scrittrice / scrivere un libro

____

6. 40 anni / voi due / fare fortuna

____

F. *Answer each question by replacing the underlined words with the adverbial pronoun* ci.

EXAMPLE Andate <u>al museo</u> ogni domenica? *Sì, ci andiamo ogni domenica.*

1. Andavano spesso <u>al ristorante</u> i tuoi genitori?

____

2. Ritornerete <u>a Firenze</u> in maggio?

____

3. Siete andate <u>a sciare</u>?

____

4. È stata <u>dal dentista</u> la signora Borghini?

____

5. Eravate rimasti <u>all'università</u> tutto il giorno?

____

NAME______________________________DATE_____________CLASS___________

G. *Answer each question in either the affirmative or the negative, using the adverbial pronoun* ci.

EXAMPLE Vuoi andare a teatro? *Sì, ci voglio andare.*
Sì, voglio andarci.
No, non voglio andarci.
No, non ci voglio andare.

1. Volete ritornare nello scompartimento?

____

2. Vuoi restare a Bologna?

____

3. Volete andare alla stazione con me?

____

4. Vuoi venire da me?

____

5. Volete stare qui per molto tempo?

____

6. Vuoi studiare in questa università?

____

H. *Complete each sentence with either* ne *or* ci, *according to the context.*

1. ______ siamo arrivati la mattina presto.
2. ______ voglio due.
3. È un'università famosa. ______ aveva studiato anche Dante Alighieri.
4. ______ sono andati anche ieri.
5. Vuoi un carrello? ______ ho visto uno là.
6. Bologna mi piace moltissimo. ______ ritornerò presto.

I. *Expand each sentence to form the relative superlative. Follow the example.*

EXAMPLE Questo poeta è molto bravo. *È il più bravo di tutti.*

1. Questa corrente letteraria è molto importante.

____

2. Questi versi sono molto armoniosi.

____

3. Questo treno è molto rapido.

____

4. Questa regione è molto povera.

____

5. Queste poesie sono molto belle.

____

6. Questo tassista è molto puntuale.

____

7. Questi affreschi sono molto antichi.

____

8. Questo giornale è molto noto.

____

J. *Form a sentence from each group of words as indicated in the example.*

EXAMPLE università / antica / mondo
È l'università più antica del mondo.

1. parco / grande / città

____

2. mesi / brevi / anno

____

3. poeta / orginale / secolo

____

4. negozio / affollato / via

____

5. giorno / importante / settimana

____

6. versi / famosi / *Divina Commedia*

____

7. persona / simpatica / famiglia

____

8. scompartimento / comodo / treno

____

NAME______________________________ DATE______________ CLASS__________

22

THE FUTURE PERFECT TENSE
FUTURE PERFECT OF *ESSERE* AND *AVERE*
CONJUNCTIVE PRONOUNS AND THE INFINITIVE
THE ABSOLUTE SUPERLATIVE

A. *Following the example use the cues to form new sentences in the future perfect tense.*

EXAMPLE Gli telefoneremo dopo che (lui / mangiare)
Gli telefoneremo dopo che avrà mangiato.

1. Vi parleremo quando (voi / arrivare a Roma)

____

2. Ti scriverò dopo che (tu / scrivere a me)

____

3. Mi telefoneranno dopo che (loro / vedere il telegiornale)

____

4. Ci scriverete quando (noi / ritornare)

____

5. Comprerò il giornale dopo che (io / prendere il caffè)

____

6. Ci manderà le fotografie quando (noi / finire il viaggio)

____

7. Prenderò l'aperitivo con loro dopo che (loro / riposarsi)

____

8. Vi scriverò se (io / divertirmi)

____

B. *Rewrite each sentence by replacing* forse + past tense *with the future perfect.*

EXAMPLE Forse sono usciti. *Saranno usciti.*

1. Forse hanno già mangiato.

____

2. Forse non si è divertita.

____

3. Forse ha letto solamente *Epoca.*

____

4. Forse l'ha prestato.

____

5. Forse abbiamo dimenticato gli assegni a casa.

____

6. Forse non ha scritto a nessuno.

____

7. Forse sono arrivati in ritardo.

____

8. Forse l'avete conosciuta all'università.

____

NAME________________________________DATE______________CLASS___________

C. *Following the example, use the cues to answer each question in the future perfect tense.*

EXAMPLE Dov'è Alberto? (andare all'edicola)
Non so, sarà andato all'edicola.

1. Dove sono Adriana e Marina? (ritornare a casa)

____

2. Dove sono tuo padre e tua madre? (andare dal giornalaio)

____

3. Dov'è Franco? (arrivare in ritardo)

____

4. Dove sono i tuoi amici? (dimenticare l'indirizzo)

____

5. Perchè non parla Gianni? (addormentarsi)

____

6. Perchè non arrivano quei due? (alzarsi tardi)

____

D. *Rewrite each sentence, replacing the underlined words with the appropriate pronoun(s).*

EXAMPLE Non è importante parlare <u>di questo</u>. *Non è importante parlarne.*

1. Preferisco andare <u>a Roma</u> in primavera.

____

2. Sarà bene chiamare <u>il facchino</u>.

____

3. È andato a salutare <u>le zie</u>.

____

4. Non era possibile prendere il filobus.

____

5. Desiderano comprare tre riviste.

____

6. Non ha voluto prestare quel libro all'amico.

____

7. Sarà difficile trovare questo romanzo.

____

8. Hanno incominciato a parlare di letteratura agli studenti del primo anno.

____

9. Mi ha invitato a vistare i musei di Venezia con lui.

____

10. Hai dimenticao di restituire il *Daily American* a Marisa.

____

E. *Following the example, form answers using the cues in parentheses.*

EXAMPLE Compri la frutta al mercato? (dal fruttivendolo)
No, preferisco comprarla dal fruttivendolo.

1. Visitate i musei la mattina? (nel pomeriggio)

____

2. Andrete a Roma in aprile? (in giugno)

____

3. Telefonerai a Silvana stasera? (domani)

____

4. Mangi molto pane? (poco)

____

5. Prendi il caffè al ristorante? (al bar)

____

6. Proseguite in treno? (in autobus)

____

F. *Form new sentences from each group of words, using conjunctive pronouns in both positions. Follow the example.*

EXAMPLE dare / due / a me *Vuole darmene due. Me ne vuole dare due.*

1. portare / quattro / a loro

____

2. scrivere / molte / a te

____

3. leggere / qualcuno / a noi

____

4. mandare / tre / a me

____

5. mostrare / molti / a voi

____

6. vendere / alcuni / a lei

____

G. *Expand each statement by using the indicated form of the absolute superlative.*

EXAMPLE Questa città è molto bella. *È davvero bellissima.*

1. Quelle signore sono molto eleganti.

____

2. Questo romanzo è assai interessante.

____

3. Questa discussione è estremamente animata.

____

4. Questa edicola è assai vicina.

____

5. Questo scompartimento è alquanto affollato.

____

6. Questi autobus sono assai rapidi.

____

H. *Following the example, expand each sentence by using an alternative form of the absolute superlative.*

EXAMPLE Che belle scarpe! *Sono proprio molto (assai) belle.*

1. Che brutto edificio! ______________________________
2. Che buoni ravioli! ______________________________
3. Che rivista spinta! ______________________________
4. Che città moderne! ______________________________
5. Che romanzi interessanti! ______________________________
6. Che rappresentazione divertente! ______________________________

NAME______________________________DATE______________CLASS___________

23

THE CONDITIONAL TENSE
IRREGULAR FORMS OF THE CONDITIONAL
SPECIAL MEANINGS OF *DOVERE* AND *POTERE*
THE CONDITIONAL PERFECT TENSE
SEMIAUXILIARY VERBS WITH A DEPENDENT INFINITIVE

PRESENT CONDITIONAL

avere	ritornare	prendere	partire	essere
avrei	ritorn-e-rei	prend-e-rei	part-i-rei	sarei
avresti	ritorn-e-resti	prend-e-resti	part-i-resti	saresti
avrebbe	ritorn-e-rebbe	prend-e-rebbe	part-i-rebbe	sarebbe
avremmo	ritorn-e-remmo	prend-e-remmo	part-i-remmo	saremmo
avreste	ritorn-e-reste	prend-e-reste	part-i-reste	sareste
avrebbero	ritorn-e-rebbero	prend-e-rebbero	part-i-rebbero	sarebbero

A. *Answer each question as in the example.*

EXAMPLE Desidereresti rivedere la mostra? *Sì, la rivedrei volentieri.*

1. Desidereresti prendere una minestra in brodo?

____

2. Desidereresti festeggiare il suo compleanno?

____

3. Desidereresti conservare queste riviste?

____

4. Desidererebbero ricevere molte lettere i vostri parenti?

____

5. Desidererebbe capire l'italiano il signor Wheaton?

____

6. Desidereresti ritornare a Padova?

____

B. *Complete each sentence with the correct form of the conditional of the verb in parentheses.*

1. (essere) Neanche loro ________________ sicuri.
2. (avere) Anche tu ________________ fame?
3. (essere) Naturalmente anche noi ________________ felici di andare al ristorante.
4. (volere) I miei genitori ________________ proprio conoscerti.
5. (andare) Probabilmente anche voi ________________ a teatro ogni giorno.
6. (fare) Eugenia, mi ________________ questo piacere?
7. (fare) Certamente! (Io) te lo ________________ volentieri!
8. (stare) Tutti ________________ in Italia molto tempo.
9. (venire) Signorina, ________________ al cinema con me?
10. (sapere) Signori, ________________ dov'è Forte Belvedere?

C. *Form questions from each of the words, using the appropriate form of the conditional tense of* potere.

EXAMPLE Signorina / mostrare i bozzetti / a noi
Signorina, potrebbe mostrarci i bozzetti?

1. Papà / comprare le rivista *Oggi* / a me

____

NAME________________________DATE____________CLASS__________

2. Ragazzi / fare attenzione per un minuto

____

3. Signore e signora Maratti / chiamare il cameriere

____

4. Professore / ripetere la forme del condizionale / a loro

____

5. Papà e mamma / andare alla mostra con noi

____

D. *Answer each question with the appropriate form of the conditional perfect.*

EXAMPLE Li hai visitati? *No, ma li avrei visitati volentieri.*

1. Le hai comprate? ______________________________
2. L'avete ordinato? ______________________________
3. Ci siete andati? ______________________________
4. Ci sei stato? ______________________________
5. Ne avete mangiate? ______________________________
6. Ne hai parlato? ______________________________

E. *Rewrite each sentence according to the example.*

EXAMPLE Ho detto: "Aspetterò davanti al ristorante."
Ho detto *che avrei aspettato* davanti al ristorante.

1. Hanno scritto: "Arriveremo col treno delle otto." Hanno scritto che

______________________________ col treno delle otto.

2. Ho risposto: "Aspetterò fino alle nove." Ho risposto che ________

______________________________ fino alle nove.

3. Gli abbiamo detto: "Telefoneremo più tardi." Gli abbiamo detto che

____ più tardi.

4. Hanno detto: "Lo faremo subito." Hanno detto che lo ___________

____ subito.

5. Ha ripetuto: "Ritornerò presto." Ha ripetuto che ______________

____ presto.

6. Avete scritto: "Visiteremo gli Stati Uniti in primavera." Avete scritto che _____________________ gli Stati Uniti in primavera.

7. Ho ripetuto: "Ordinerò io per tutti." Ho ripetuto che __________

____ io per tutti.

8. Hanno detto: "Festeggeremo il suo compleanno al ristorante di Borgo Ognissanti." Hanno detto che _________________________________

____________________________ al ristorante di Borgo Ognissanti.

F. *Complete each sentence with the correct form of the present conditional of the verb in parentheses.*

1. (parlare) (io) ______________ volentieri con Adriana.
2. (avere) ______________ paura anche voi?
3. (capire) Comunque, loro non ______________ niente.
4. (potere) (noi) ______________ venire domani o dopodomani.
5. (volere) Signorina, ______________ rispondere, per favore?
6. (dovere) Ragazzi, ______________ parlare più chiaramente.

G. *Complete each sentence with the appropriate form of the semiauxiliary verb + infinitive as in the example.*

EXAMPLE Maria è usciti ma io (volere)
Maria è uscita ma io non ho voluto uscire.

NAME______________________________DATE______________CLASS__________

1. Adriana è partita ma noi (potere)

____

2. Loro sono ritornati subito ma tu (dovere)

____

3. Tu hai studiato tutto il giorno ma loro (volere)

____

4. Io ho brindato alla salute di Adriana ma voi (potere)

____

5. Noi siamo andati alla mostra ma tu e Adriana (potere)

____

6. Voi siete venuti molto presto mai io (dovere)

____

H. *Translate the following sentences into Italian.*

1. I would gladly write him.

____

2. We would prefer to go there with him.

____

3. Do you think we would not recognize you?

____

4. Did he think we would not recognize him?

____

5. I thought she would come.

____

6. He will do it. He said he would do it.

____

7. We were hoping she would stay here the whole summer.

____

8. He said he would play, but he didn't play.

____

I. *Tell a friend who is about to go out on a date what he or she should and should not do.*

____

____

____

____

____

____

NAME______________________________ DATE____________ CLASS__________

24

THE IMPERSONAL PASSIVE FORM
THE PASSIVE FORM
THE IRREGULAR ADJECTIVES *GRANDE* AND *SANTO*

A. *Restate each sentence as in the example.*

EXAMPLE In questo ristorante tutti mangiano bene.
In questo ristorante si mangia bene.

1. In questa città tutti vanno all'opera.

____

2. Al Teatro Comunale tutti parlavano di Pavarotti.

____

3. Alla mensa universitaria tutti bevevano molto.

____

4. Qui tutti mangiavano in fretta.

____

5. Perchè tutti dormono troppo?

____

6. La mattina tutti faranno colazione.

____

B. *Give the Italian equivalent of each statement, using the impersonal construction form.*

1. It is a restaurant where you eat well.

____

2. When you say this, you say everything.

____

3. When do we say "Ciao"?

____

4. How does one greet a professor?

____

5. How do you write this word?

____

6. Why isn't Italian spoken here?

____

C. *Following the example, rewrite each sentence in the* passato prossimo. *Notice the use of the auxiliary verb.*

EXAMPLE Qui si parla correttamente. *Qui si è parlato sempre correttamente.*

1. Qui si mangia molto pesce. ______________________

2. Qui non si fuma. ______________________

3. Qui si vendono molti libri. ______________________

4. Qui si scrive molto sull'America. ______________________

____

5. Qui si dorme troppo. ______________________

NAME________________________________DATE________________CLASS____________

PASSIVE FORM

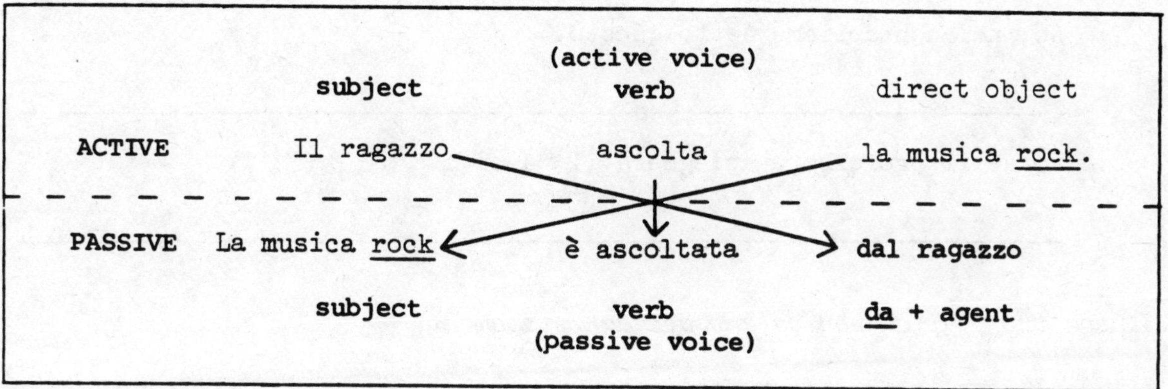

D. *Transform each sentence from the active to the passive form as in the examples.*

EXAMPLES Anche gli Americani ascoltano Renata Scotto
Renata Scotto è ascoltata anche dagli Americani.

La madre ha ordinato il pollo arrosto.
Il pollo arrosto è stato ordinato dalla madre.

1. Il cameriere serve il caffè.

____

2. Il gruppo americano presenterà il concerto rock.

____

3. Quel gran tenore ha cantato l'opera *Un Ballo in Maschera*.

____

4. Tutti festeggeranno il tuo compleanno.

____

5. I signori Maratti hanno comprato questo appartamento.

____

6. Lui ha ricevuto la lettera, non io.

____

7. No, noi non abbiamo detto questo.

____

8. Forse il professore spiegherà il passivo.

____

E. *Give the Italian equivalent of each statement.*

1. All our letters are written by my mother.

____

2. This book was printed last year.

____

3. All foreign students will be invited.

____

4. Why wasn't she invited? Why weren't we invited?

____

5. This has never been said here.

____

6. The dishes were washed by her yesterday. They will be washed by you tomorrow.

____

____

NAME________________________________ DATE____________ CLASS____________

F. *Complete each sentence with the appropriate form of the verb in parentheses.*

1. (preferire) In Italia si ______________ l'opera.
2. (comprare) Scusi, dove si ______________ i francobolli?
3. (dire) Signorina, questa parola non si ______________.
4. (festeggiare) Qui non si ______________ il Natale.
5. (prendere) Il filobus e il tram si ______________ vicino alla stazione.
6. (vedere) Qui si ______________ alcuni affreschi molto importanti.

G. *Complete each sentence with the correct form of* grande.

1. Verdi è un ______________ compositore.
2. Sì, e le sue opere sono veramente ______________.
3. Che ______________ quadri!
4. Quello era proprio un ______________ blocco di marmo.
5. Che ______________ chiesa!
6. Che ______________ piazze!
7. Quella violinista è davvero una ______________ artista.
8. Michelangelo era ______________ uomo e anche un ______________ artista.

H. *Complete each sentence with the correct form of* santo.

1. I ______________ pietro e Paolo si festeggiano in molti paesi.
2. La basilica di ______________ Pietro è molto celebre.
3. È davvero una ______________ donna.
4. ______________ Omobono è un santo italiano.

5. _______________ Ignazio era spagnolo.

6. Non tutte le persone sono _______________.

7. Esiste _______________ Adriana?

8. I miei zii sono buoni e generosi; sono dei _______________.

NAME________________________________DATE_______________CLASS___________

25

IRREGULAR COMPARATIVE AND SUPERLATIVE
THE PAST ABSOLUTE TENSE

A. *Fill in each blank with either* meglio, migliore, *or* migliori.

1. Questo formaggio è _______________ dell'altro.
2. Sarà _______________ uscire prima di mezzogiorno.
3. Nessuno balla _______________ di me.
4. Cercheranno di scrivere _______________.
5. Nessun mestiere è _______________ dell'altro.
6. È vero che le strade americane sono _______________ delle strade italiane?
7. È il _______________ orologio della gioielleria.
8. Le cose vanno _______________ ora.

B. *Fill in each blank with either* peggio, peggiore, *or* peggiori.

1. Oggi ci sentiamo _______________ di ieri.
2. In questo ristorante si mangia sempre _______________.
3. La sua pronuncia è _______________ della mia.
4. Quest'anno gli affari sono _______________ dell'anno scorso.
5. Sarebbe _______________ non dirgli niente.

6. Non ho mai avuto un impiegato ______________.

7. Mi ha prestato i ______________ libri che aveva.

8. È stato uno dei ______________ giorni dell'anno.

C. *Translate the following into Italian.*

1. They speak English better than I.

____

2. His sister Luisa is the oldest.

____

3. He is the best goldsmith in Florence.

____

4. It would be better not to tell him anything.

____

5. Can't you read a little better?

____

6. Prices were better in the shop on the Ponte Vecchio.

____

D. *Read each sentence carefully and complete it with* meglio, migliore, migliori *or* peggio, peggiore, peggiori *as the context requires.*

1. Bastiano Signorini era un buon orefice ma Benvenuto Cellini era

______________ di lui.

2. La frutta surgelata è assolutamente ______________ di quella fresca.

3. Io sono italiano e loro sono americani: io parlo inglese

______________ ma parlo italiano ______________ di loro.

4. In generale il cappuccino e l'espresso sono ______________ in Italia che in Francia.

5. Io sono un buon pittore ma probabilmente sono _______________ di Michelangelo.

6. Se non mangi troppo, ti senti _______________.

E. *Write the correct form of the relative superlative to complete each sentence.*

1. Dante è _______________ dei poeti italiani. *(the greatest)*

2. Giulia è _______________ delle mie amiche. *(the youngest)*

3. Questa è _______________ film dell'anno. *(the worst)*

4. Ecco _______________ casa di questo villaggio. *(the smallest)*

5. È vero che tu sei _______________ dei tuoi fratelli? *(the oldest)*

6. Questo medico è _______________ di tutti quelli che conosco. *(the best)*

F. *Rewrite each sentence as in the example.*

EXAMPLE Sono partiti un'ora fa. *Partirono molti anni fa.*

1. È ritornato a casa un'ora fa.

____ molti anni fa.

2. Siamo arrivati in America un'ora fa.

____ molti anni fa.

3. Studio l'italiano da poco.

____ molti anni fa.

4. Ha venduto la sua bottega un anno fa.

____ molti anni fa.

5. Ha finito il libro un'ora fa.

____ molti anni fa.

6. Gli ho parlato una settimana fa.

____ molti anni fa.

7. Ha aperto una nuova bottega qualche giorno fa.

____ molti anni fa.

8. Ha cominciato a fare l'orefice pochi anni fa.

____ molti anni fa.

G. *Following the example, form a new sentence from each group of words.*

EXAMPLE cinquant'anni fa / i miei nonni / arrivare / San Francisco
Cinquant'anni fa i miei nonni arrivarono a San Francisco.

1. 1910 / molti Italiani / emigrare / Stati Uniti

____

2. noi / conoscersi / 1900

____

3. Bastiano Signorini / capire / il mercato fiorentino / 1774

____

4. i loro figli / continuare / la stessa tradizione / molto tempo fa

____

5. tu / sposarsi / quarant' anni fa

____

6. Bastiano Signorini / avere molta fortuna / 1749

____

7. i tuoi genitori / divertirsi molto / Venezia / 1920

____

8. (loro) / essere / molto coraggiosi

____

NAME________________________________DATE_______________CLASS___________

26

THE GERUND: FORMS AND USES
SPECIAL USE OF REFLEXIVE PRONOUNS
IRREGULAR PAST ABSOLUTE FORMS

A. *Complete each sentence with the Italian equivalent of each expression in parentheses.*

1. *(by studying)* _______________ ogni giorno, lo imparerai bene.
2. *(walking)* _______________ rapidamente, siamo arrivati presto.
3. *(turning)* _______________ a destra, risparmiamo tempo.
4. *(while listening)* _______________ *Il Trovatore*, Eugenia si è addormentata.
5. *(watching)* _______________ la manifestazione i due amici si riposano.
6. *(talking with them)* _______________ abbiamo camminato per mezz'ora.

B. *Complete each sentence with the Italian equivalent of each expression in parentheses.*

1. *(having read a lot)* _______________, Luigi sa sempre tutto.
2. *(having changed their party)* _______________, i due amici sono ottimisti.
3. *(having eaten too much)* _______________, mi sono addormentata.
4. *(having drunk)* _______________, dell'acqua inquinata siamo stati malissimo.

5. *(not having studied)* _______________, il codice stradale, devi fare molte domande.

6. *(having walked fast)* _______________, è arrivato primo.

C. *Complete each sentence with the appropriate form of the present progressive tense as in the example.*

EXAMPLE (guardare) L'ingegner Frugoni *sta guardando* la manifestazione.

1. (guardare) I due _______________________ le ragazze.
2. (sudare) Fa caldo! Io _______________________.
3. (esagerare) Purtroppo, signorina, Lei _______________________.
4. (scrivere) Silenzio, per favore! (noi) _______________________.
5. (ammettere) Finalmente anche tu _______________________ la verità.
6. (raggiungere) L'autobus _______________________ la stazione.
7. (divertirsi) Voi _______________________ molto, non è vero?
8. (alzarsi) Un momento! (io) _______________________.
9. (scomparire) Gli artigiani _______________________.
10. (lasciare) Io e mio marito _______________________ il negozio.

D. *Following the example, change each sentence by using the appropriate form of* stare + gerund.

EXAMPLE Porta la valigia. *Sta portando la valigia.*

1. Aiuto la mamma. ____
2. Scriviamo le cartoline. _______________________________________
3. Finisce l'esercizio. ____
4. Si alzano proprio ora. ____
5. Che cosa prepari? ____
6. Dove andate? ____
7. Chiudono le finestre. ____

NAME________________________________DATE_______________CLASS____________

8. Guardo le televisione. ________________________________

9. Serviamo il caffè. ________________________________

10. Ti diverti? ________________________________

E. *Following the example, change each sentence by using the appropriate form of* stare + gerund.

EXAMPLE Leggevo il giornale. *Stavo leggendo il giornale.*

1. Ascoltavano la radio.

____

2. Guardavo la manifestazione.

____

3. Cammineranno verso la piazza.

____

4. Anche i bravi artigiani scomparivano.

____

5. Scherzavate, non è vero?

____

6. Anna risparmierà soldi per andare in Italia.

____

7. Mangiavamo del pollo.

____

8. La seduta cominciava.

____

9. Anche ora il governo cambia.

____

10. Un momento: cerchiamo di finire.

____

F. *Form new sentences using the subjects in parentheses.*

1. Quel signore ha camminato in fretta e ora si leva la giacca.

(anche tu) ____

(io) ____

(Gianni e Franco) ____

____

(noi due) ____

____

(voi tre) ____

____

2. Abbiamo molto freddo e ci mettiamo la giacca.

(l'avvocato Bertini) ____

____

(i due amici) ____

____

(tu e l'altro studente) ____

____

(anch'io) ____

____

(anche tu) ____

____

NAME______________________________DATE_____________CLASS____________

G. *Complete each sentence with the appropriate past absolute form of one of the following verbs. Use each verb only once.*

volere	venire	dire
vedere	fare	avere

1. Quando i miei nonni arrivarono, ______________ dei problemi.

2. L'avvocato e l'ingegnere ______________ la manifestazione e girarono a sinistra.

3. Il padre di mio padre non ______________ partire.

4. Anche loro ______________ in America nel 1912.

5. Voi ______________ che io ero un pessimista.

6. Quando eravamo a Venezia, ______________ una gita al Lido.

H. *Fill in each blank with the appropriate past absolute form of* volere.

EXAMPLE Di solito pagavo io, ma quel giorno *volle* pagare lui.

1. Di solito non volevano camminare, ma quella domenica ______________ camminare un po'.

2. Lui non voleva mai andare in piazza, ma quel giorno ______________ andarci.

3. Io non amo prendere il treno, ma quella volta ______________ prenderlo.

4. Di solito, tu non mangi carne. Perchè quel giorno ______________ mangiarla?

5. In generale, non volevamo restare soli, ma in quell'occasione

   ______________ avere compagnia.

6. Giorgio e Maria si vedevano molto spesso, ma dopo una violenta

   discussione, lei non ______________ più vederlo.

I. *Answer each question by using the verb in parentheses in the appropriate form of the progressive tense.*

EXAMPLE Che cosa facevate quando vi ho telefonato? (guardare la televisione) *Stavamo guardando la televisione.*

1. Che cosa facevi quando ti ho chiamato? (vestirsi)

____

2. Che cosa facevate quando è arrivata vostra madre? (cambiarsi)

____

3. Che cosa facevi quando il treno è arrivato? (correre alla stazione)

____

4. Che cosa faceva Alberto quando l'hai visto? (fermarsi a prendere un gelato)

____

5. Che cosa facevi stamattina alle sei in punto? (svegliarsi)

____

NAME________________________________DATE_____________CLASS____________

27

THE PRESENT SUBJUNCTIVE
THE PRESENT SUBJUNCTIVE OF *AVERE* AND *ESSERE*
THE PRESENT PERFECT SUBJUNCTIVE
USES OF THE SUBJUNCTIVE

A. *Form new sentences by using an expression to introduce the subjunctive. Follow the example.*

EXAMPLE Loro cambiano strada. *È necessario che loro cambino strada.*

1. Io spiego la mia ragione.

____

2. Tu scrivi correttamente.

____

3. Anche noi cerchiamo lavoro nelle fabbriche.

____

4. Vi trasferite in città.

____

5. Tu ti diverti.

____

6. L'agricoltore e suo figlio corrono al podere.

____

7. Il bambino mangia molta verdura.

____

8. Tu mi credi.

____

B. *Answer each question as in the example.*

EXAMPLE Studi anche stasera?
Sì, è probabile che io studi anche stasera.

1. Finisce oggi lo sciopero?

____

2. Ti trasferisci in città?

____

3. Guadagna troppo poco l'agricoltore?

____

4. Risparmiate molto tempo quando prendete l'autobus?

____

5. Cambia spesso il governo italiano?

____

6. Leggi il giornale anche oggi?

____

7. Tirano avanti bene?

____

8. Pagate voi?

____

NAME________________________________DATE_________________CLASS__________

C. *Answer each question according to the example.*

EXAMPLE È molto intelligente? *Sì, penso che sia molto intelligente.*

1. Hanno fretta? ______________________________________

2. Ha figlioli l'agricoltore? __________________________

3. È una buona offerta? ______________________________

4. Ci sono più di duecento persone? ___________________

____

5. Hanno paura? ______________________________________

6. Sono in ritardo (io)? ______________________________

7. Sono pronti (loro)? ________________________________

8. Ha sempre sonno? ___________________________________

D. *Answer each question as in the examples.*

EXAMPLES Posso salutare il proprietario? *Preferisco che non lo saluti.*
Possiamo salutare il proprietario? *Preferisco che non lo salutiate.*

1. Possiamo guardare questo programma?

____

2. Posso ripetere questa frase?

____

3. Possiamo offrire il caffè?

____

4. Posso convertire la fattoria?

____

5. Possiamo fermarci?

____

6. Posso guardare la manifestazione?

____

7. Possiamo cambiare strada?

____

8. Posso sposarmi?

____

E. *Answer each question by using the present perfect subjunctive. Follow the example.*

EXAMPLE Sono arrivati? *Sì, credo proprio che siano arrivati.*

1. È già venuto?

____

2. Hanno lasciato la campagna?

____

3. Ha spiegato il congiuntivo?

____

4. Hanno fatto una buona offerta?

____

5. Sono andate alla manifestazione?

____

6. Ha fatto sciopero anche lui?

____

F. *Change each sentence as indicated by using the appropriate form of the present subjunctive.*

EXAMPLE È meglio aspettare fino alle nove. (io)
È meglio che io *aspetti* fino alle nove.

NAME________________________________DATE_______________CLASS____________

1. Ho paura di dimenticare. (tu)

   Ho paura che tu ____

2. Preferisci prendere il tram? (io)

   Preferisci che io ____

3. Sperano di ripassare fra un paio di giorni. (voi)

   Sperano che voi ____

4. Luigi crede di essere intelligente. (lei)

   Luigi crede che lei ____

5. Desiderano riposarsi. (noi)

   Desiderano che noi ____

6. È possibile rifiutare il blocco di marmo. (loro)

   È possibile che loro ____

7. Non volete convertire la fattoria? (lei)

   Non volete che lei ____

8. È meglio finire oggi. (tu)

   È meglio che tu ____

G. *Fill in each blank with either the indicative or the subjunctive of* essere, *according to the context.*

1. Mi hanno detto che il treno delle otto ______________ arrivato.
2. Dubiti che lui ______________ pronto.
3. Vedo che ______________ ritornato solo.
4. Ho paura che questo non ______________ un governo democratico.
5. Siamo contenti che anche loro ______________ presenti.
6. Sono sicura che quelli ______________ turisti stranieri.

7. Angela e Maria ci hanno scritto che si ______________ divertite molto a Pompei.

8. Credo che ______________ meglio girare a destra.

9. È vero che l'Italia ______________ più piccola degli Stati Uniti.

10. È probabile che i tuoi amici ______________ in ritardo.

H. *Fill in each blank with either the indicative or the subjunctive of* avere.

1. È chiaro che l'agricoltore non ______________ ricevuto l'offerta.

2. Mi dispiace che lui non ______________ capito.

3. È impossibile che tutti ______________ dimenticato questa parola!

4. Chi ha detto che quei due non ______________ cambiato strada?

5. Non ci piace che lui ______________ sempre ragione.

6. Dubito che gli ospiti ______________ ascoltato.

7. È evidente che l'agricoltore non ______________ voluto vendere il podere.

8. Perchè credi che io ______________ paura?

I *Translate the following sentences into Italian.*

1. She always wants us to speak aloud.

____

2. It is necessary that I repeat the offer.

____

3. We hope you *(tu)* make ends meet easily.

____

4. He thinks his father is ill.

____

NAME____________________DATE__________CLASS__________

5. I don't think you like this offer.

____

6. The guest believes the farmer liked his offer.

____

7. We doubt she likes running.

____

8. He thinks you *(tu)* like her.

NAME____________________ DATE__________ CLASS__________

28

USES OF THE SUBJUNCTIVE
SUFFIXES AND THEIR USES
SPECIAL USES OF SOME NUMERALS
PRESENT SUBJUNCTIVE OF *ANDARE*, *DIRE*, *FARE*, AND *STARE*

A. *Restate each sentence in the past subjunctive using the cues in parentheses.*

EXAMPLE È un bel libro, (io; leggere)
È il libro più bello che io abbia letto.

1. È uno studente intelligente. (noi; conoscere)

____

2. È un vecchio rione. (il Presidente; visitare)

____

3. È un esame facile. (voi; avere)

____

4. È una storia interessante. (loro; raccontare)

____

5. È un mestiere umile. (l'emigrante italiano; esercitare)

____

6. È una parola difficile. (io; pronunciare)

____

B. *Restate each sentence as in the example.*

EXAMPLE Lui ha un amico. È il solo amico che *lui abbia.*

1. Noi abbiamo un problema. È il solo problema che ______________.

2. Conosco un uomo molto ricco. È l'uomo più ricco che ______________.

3. Hanno trovato un errore. È l'unico errore che ______________.

4. Conosco un buon orefice. È il miglior orefice che ______________.

5. Avete invitato una ragazza molto bella. È la ragazza più bella che ______________.

6. Ho solamente un figlio. È l'unico figlio che ______________.

C. *Complete each sentence with the correct form of the subjunctive of the verb in parentheses.*

1. A volte gli eimigranti capiscono l'italiano benchè non lo ______________ (parlare).

2. Benchè Giovanni ______________ (studiare) sempre molto, impara poco.

3. Andrò in montagna purchè ______________ (fare) bel tempo.

4. È una persona molto interessante benchè ______________ (esercitare) un mestiere molto umile.

5. Venderemo il podere a meno che i nostri figli non ______________ (desiderare) ritornare.

6. Vi offro un goccetto affinchè anche voi ______________ (gustare) questo vino.

D. *Complete each sentence with the correct form of the verb in parentheses. Use either the indicative or the subjunctive as required.*

1. Bob desidera imparare l'italiano perchè ______________ (essere) di origine italiana.

2. Suo padre non parla italiano sebbene _______________ (venire) negli Stati Uniti dopo la Seconda Guerra Mondiale.

3. Non potrai trovare un buon lavoro, a meno che tu non _______________ (parlare) l'inglese.

4. Bob abita a Chicago perchè suo padre e sua madre _______________ (fermarsi) nell'est degli Stati Uniti.

5. Abbiamo deciso di stare a casa perchè anche oggi _______________ (piovere) troppo.

6. Partiremo domani purchè non _______________ (nevicare).

E. *Answer each question by using a suffixed noun that indicates the opposite. Follow the example.*

EXAMPLE È un buon libro? *Oh no, è un libraccio.*

1. È una ragazza piccola? ____

2. È una casa grande? ____

3. Sono bravi ragazzi? ____

4. È una donna molto piccola? ____

5. È piacevole il tempo di oggi? ____

6. È grande il tuo podere? ____

F. *Complete each sentence with the appropriate subjunctive form of one of the following verbs. Use each verb only once.*

andare	dire	fare
avere	essere	stare

1. Non possiamo credere che (voi) _______________ sempre ragione.

2. Andremo da loro purchè loro non _______________ alla conferenza.

3. È necessario che tu _______________ buona impressione.

4. Tutti pensano che io _______________ troppo pessimista.

5. È l'unico giornale che ______________ sempre la verità.

6. Il nonno non è venuto. È probabile che non ______________ bene.

G. *Translate the following into Italian.*

1. The eighteenth century is the only century he has studied.

____

2. Florentine sculpture of the fifteenth century is the only one we know.

____

____

3. Dante is the most famous poet of the fourteenth century.

____

4. We live in the twentieth century.

____

5. Our children will live in the twenty-first century.

____

6. Did Lincoln live in the nineteenth century?

____

NAME______________________________ DATE______________ CLASS___________

29

THE SUBJUNCTIVE IN PRINCIPAL CLAUSES
IRREGULAR FORMS OF THE PRESENT SUBJUNCTIVE
NOUNS WITH AN IRREGULAR PLURAL

A. *Following the example, restate each sentence using the subject in parentheses.*

EXAMPLE Io non lo leggo! (Gianni) *Che lo legga Gianni!*

1. Io non lo pago! (loro)

____

2. Io non gli scrivo! (gli altri)

____

3. Io non lo bevo! (il signor Maratti)

____

4. Io non mi preoccupo! (gli industriali)

____

5. Io non te lo spiego! (il professore)

____

6. Io non ci vado! (i giovanotti)

____

7. Io non lo faccio! (il libraio)

___

8. Io non mi fermo! (gli ultimi arrivati)

___

B. *Translate the following into Italian.*

1. Let her talk!

___

2. Let them buy this book; it is too expensive for me.

___

3. Let them come, if they want to!

___

4. Let's have a hot espresso!

___

5. Let the book seller explain it!

___

6. Why not? Let them strike!

___

C. *Restate each sentence using the subject in parentheses.*

EXAMPLE Desiderano saperlo. (tu)
Desiderano che anche tu lo sappia.

1. Desiderano venire. (voi)

___

2. Desiderano sapere la verità. (loro)

___

3. Desiderano poterlo fare. (io)

____

4. Desiderano poterti vedere. (gli amici)

____

5. Desiderano venirci. (noi)

____

6. Desiderano darmelo. (Andrea)

____

D. *Following the example, form new sentences from each group of new words.*

EXAMPLE tu / sapere / il congiuntivo
Non credo proprio che tu sappia il congiuntivo.

1. loro / venire / nel rione italiano

____

2. voi / volere / un libro d'avventure

____

3. il libraio / potere / regalare i libri

____

4. i figli / dovere / restare qui

____

5. il professore / volere / scherzare

____

6. tu / potere / parlare di Marco Polo

____

E. *Answer each question as in the example.*

EXAMPLE È vero che sa cantare benissimo?
No, non è affatto vero che sappia cantare benissimo.

1. È vero che può andare in Russia?

____

2. È vero che fa colazione con voi?

____

3. È vero che va alla manifestazione?

____

4. È vero che ha quarant'anni?

____

5. È vero che è piuttosto sciocco?

____

6. È vero che vuole sposarsi?

____

7. È vero che paga sempre lui?

____

8. È vero che legge solamente biografie?

____

9. È vero che mangia troppo?

____

10. È vero che conosce tutti i bestseller?

____

F. *Answer each question as in the example.*

EXAMPLE È vero che sapete cantare benissimo?
No, non è affatto vero che sappiamo cantare benissimo.

NAME________________________________DATE______________CLASS____________

1. È vero che potete andare in Russia?

____

2. È vero che faccio colazione con voi?

____

3. È vero che vai alla manifestazione?

____

4. È vero che hanno quarant'anni?

____

5. È vero che vogliono comprare solo libri a fumetti?

____

6. È vero che danno tutti i loro soldi al partito?

____

7. È vero che vuoi qualcosa di più esotico?

____

8. È vero che legge tutta la notte?

____

9. È vero che noi facciamo dei bei pacchettini?

____

10. È vero che le illustrazioni sono straordinarie?

____

G. *Restate each sentence in the singular, making all necessary changes.*

1. Le uova non sono rotonde e verdi, sono ovali e bianche.

____

2. Le braccia dei ragazzoni saranno probabilmente molto lunghe e molto forti.

____

3. Centinaia di persone aspettavano il presidente sebbene avessero molto freddo.

____

____

4. Gli ossi piacciono molto ai miei cani.

____

NAME________________________________DATE______________CLASS__________

30

THE IMPERFECT SUBJUNCTIVE
THE PAST PERFECT SUBJUNCTIVE
USES OF THE IMPERFECT AND THE PAST PERFECT SUBJUNCTIVE
USES OF THE SUBJUNCTIVE (CONT'D)

A. *Restate each sentence as in the example.*

EXAMPLE Vogliono che io legga tutto.
Anche ieri volevano che io leggessi tutto.

1. Vogliono che tu ripeta queste parole.

____

2. Vogliono che voi leggiate qualche brano dell'antologia.

____

3. Vogliono che Renata veda il Polo Nord.

____

4. Vogliono che noi restiamo con loro.

____

5. Vogliono che io apra la porta e le finestre.

____

6. Vogliono che lo studente impari le forme del congiuntivo.

____

B. *Following the example, form new sentences from each group of words.*

EXAMPLE Vorrei / tu / ascoltarmi *Vorrei che tu mi ascoltassi.*

1. Vorrei / voi / passare vicino al polo

____

2. Vorrebbe / tu / crescere rapidamente

____

3. Vorremmo / Renata / uscire dalla dogana

____

4. Vorrei / il viaggio / essere meno lungo e meno noioso

____

5. Vorrei / i soldi / bastare

____

6. Vorrebbe / io / chiedere / un mese di permesso

____

C. *Answer each question as in the example.*

EXAMPLE Quando arriva Renata? *Pensavo che arrivasse oggi.*

1. Quando si vedono? ______________________
2. Quando torniamo all'agenzia? ______________________
3. Quando mi telefona? ______________________
4. Quando restano a casa? ______________________
5. Quando ti vedo? ______________________
6. Quando ci vediamo? ______________________

NAME________________________________DATE______________CLASS____________

D. *Restate each sentence as in the example.*

EXAMPLE Pensava proprio che tu avessi ragione.
Nessuno aveva pensato che tu avessi avuto ragione.

1. Pensava proprio che chiedeste un permesso.

____

2. Pensava proprio che ci aspettassero.

____

3. Pensava proprio che gli zii vedessero Renata.

____

4. Pensava proprio che Renata imparasse l'inglese.

____

5. Pensava proprio che tu capissi.

____

6. Pensava proprio che voi poteste prendere l'aereo.

____

E. *Restate each sentence using the present conditional in the main clause and the appropriate form of the subjunctive in the dependent clause. Follow the example.*

EXAMPLE Se piove, porto l'impermeabile.
Se piovesse, porterei l'impermeabile.

1. Se ho fame, mangio.

____

2. Se sono stanco, mi riposo.

____

3. Se lo conosci, lo saluti.

____

4. Se lo vediamo, gli parliamo.

____

5. Se ha paura, mi chiama.

____

6. Se mangiate troppo, state male.

____

7. Se noi arriviamo in ritardo, gli altri non ci aspettano.

____

8. Se spieghi bene, tutti capiscono.

____

9. Se abbiamo sete, ordiniamo dell'acqua minerale.

____

10. Se non capiscono, lo dicono.

____

11. Se parlo ad alta voce, tutti sentono.

____

12. Se chiede il permesso, glielo danno.

____

F. *Restate each sentence as in the example, using the past conditional in the main clause and the appropriate form of the subjunctive in the dependent clause.*

EXAMPLE Se mi scrive, gli rispondo.
Se mi avesse scritto, gli avrei risposto.

1. Se escono, li aspettiamo.

____

2. Se ci passano vicino, li vediamo.

____

3. Se vai all'aeroporto, ti vedo.

____

4. Se pensate questo, non avete ragione.

____

5. Se vai a Los Angeles, devi abituarti allo smog.

____

6. Se è buio, non vediamo niente.

____

G. *Complete each sentence with the correct form of either the subjunctive or the conditional of the verb in parentheses, according to the context.*

1. Se io fossi Renata, _________________ (andare) a Chicago.
2. Anche loro vedrebbero il polo, se ci _________________ (passare vicino).
3. Se arrivassero prima di sera, (noi) _________________ (andare a prenderli).
4. Se il viaggio non _________________ (essere tanto noioso), non ci addormenteremmo.
5. Voi _________________ (stare freschi) se non aveste il passaporto.
6. Se lui _________________ (potere), resterebbe qui più di un anno.

NAME________________________ DATE______________ CLASS__________

31

IMPERFECT SUBJUNCTIVE OF *FARE*, *DARE*, AND *DIRE*
SEQUENCE OF TENSES WITH THE SUBJUNCTIVE
THE PREPOSITION *DA*
SPECIAL USES OF PREPOSITIONS *A* AND *DI*
THE INFINITIVE AS A NOUN

A. *Provide new answers to the question* Che cosa credevate? *using the words in parentheses.*

EXAMPLE Che cosa credevate? (Salvatore Scaccia / fare del bene al paese)
Credevamo che Salvatore Scaccia facesse del bene al paese.

1. (esserci una conferenza stampa)

____

2. (tu / essere calabrese)

____

3. (voi / essere degli emigranti tipici)

____

4. (anche a te / piacere la storia dell'emigrante)

____

5. (loro / sapere come diventare milionari)

____

6. (l'emigrante / avere più di novant'anni)

____

7. (tutti / leggere i giornali)

____

8. (i giornali / portare solo brutte notizie)

____

B. *Using the verbs below, complete each sentence with the appropriate form of the imperfect subjunctive. Use each verb as many times as necessary.*

essere / avere / fare / dare / dire

1. Credevi anche tu che Salvatore Scaccia ______________ milionario?
2. Pensavo che voi ______________ gli spiritosi.
3. Vorreste che qualcuno vi ______________ un milioncino?
4. Quando eravamo bambini, la mamma voleva che noi ______________ sempre la verità.
5. Tutti pensavano che quelle notizie ______________ molto brutte.
6. Non potevamo credere che voi ______________ paura.
7. Non era affatto vero che a Venezia ______________ freddo.
8. Nessuno sapeva quanti anni ______________ il signor Scaccia.

C. *Answer each question in all three ways given in the examples.*

EXAMPLES Verranno o sono già venuti?
Penso proprio che vengano oggi.
(ieri) *Pensavo proprio che venissero ieri.*
(ieri) *Pensavo proprio che fossero venuti qualche giorno fa.*

1. Quando scriveranno?

____

____

____

NAME______________________________DATE______________CLASS____________

2. Pioverà o ha già piovuto?

3. Leggeranno questi giornali o li hanno già letti?

4. Renata passerà la dogana o l'ha già passata?

5. Daranno la conferenza stampa o l'hanno già data?

6. Si sposeranno o si sono già sposati?

7. Cambierà il governo o è già cambiato?

8. Ritornerà in Italia o c'è già ritornato?

SEQUENCE OF TENSES

Mio padre	**vuole** **vorrà**	**che**	**io aspetti**	**io scriva**	**io parta**
Mio padre	**voleva** **ha voluto** **vorrebbe**	**che**	**io aspettassi**	**io scrivessi**	**io partissi**

Mio padre	**crede** **crederà**	**che**	**io abbia aspettato**	**io abbia scritto**	**io sia partito**
Mio padre	**credeva** **ha creduto**	**che**	**io avessi aspettato**	**io avessi scritto**	**io fossi partito**

NAME________________________________DATE______________CLASS____________

D. *Complete each sentence with the appropriate form of the subjunctive.*

1. Telefonerò prima che Renata parta.

   Ho telefonato ____

2. Lo faremo benchè sia tardi.

   L'abbiamo fatto ____

3. Non credo che gli zii capiscano.

   Non credevo ____

4. Non vuole che io risponda.

   Non voleva ____

5. È meglio che tu non sfogli questo libro.

   Sarebbe meglio ____

6. Siete contente che anche noi veniamo?

   Eravate contente ____

7. Mi dispiace che non impariate molto.

   Mi dispiaceva ____

8. Leggerò *Il Milione* benchè abbia poco tempo.

   Ho letto ____

9. Andrò via senza che i giornalisti mi vedano.

   Sono andato via ____

10. Il signor Scaccia parla ad alta voce perchè tutti sentano.

    Il signor Scaccia parlava ad alta voce _____________________

    ____

E. *Complete each sentence with the appropriate form of the subjunctive.*

1. È strano che non mi abbiano invitato.

   Era strano ______________________________

2. Spero che l'abbiate fatto.

   Speravo ______________________________

3. Hanno paura che l'aereo sia già partito.

   Avevano paura ______________________________

4. Non fa freddo benchè abbia nevicato durante la notte.

   Non faceva freddo ______________________________

5. È la libreria più interessante che io abbia visitato.

   Era la libreria più interessante ______________________________

6. Ci dispiace che Marina sia rimasta in Italia.

   Ci dispiaceva ______________________________

7. È probabile che tu ne abbia sentito parlare.

   Era probabile ______________________________

8. Perchè sei contento che io non sia uscita?

   Perchè eri contento ______________________________

9. Sono gli unici errori che abbiano trovato.

   Erano gli unici errori ______________________________

10. È incredibile che non vi siate divertiti.

    Era incredibile ______________________________

F. *Translate the following into Italian.*

1. He had a thousand books to sell.

   ____

2. We have absolutely nothing to drink.

____

3. I am leaving. I have a lot to do for my class.

____

4. Do you have any work shoes for me?

____

5. Mr. Scaccia needs an evening suit for the reception.

____

6. As a girl, his mother lived in southern Italy.

____

G. *Rewrite each sentence by replacing the underlined verb with the verb in parentheses. Add, eliminate, change, or leave the preposition as necessary.*

EXAMPLE <u>Incominciano</u> a capire. (dovere) *Devono capire.*

1. <u>Vorrebbero</u> visitare il nuovo ospedale. (preferire)

____

2. <u>Abbiamo imparato</u> a leggere in italiano. (sapere)

____

3. <u>Hai promesso</u> di scrivermi. (potere)

____

4. Perchè <u>continuate</u> a viaggiare? (volere)

____

5. Non <u>possono</u> attraversare la piazza. (decidere)

____

6. Dobbiamo uscire prima di sera. (sperare)

____

7. Cercano sempre di fare gli spiritosi. (incominciare)

____

8. Vuole essere affascinante. (credere)

____

9. Loro credono di parlare perfettamente. (aver bisogno)

____

10. Ho dimenticato di andare alla conferenza stampa. (dovere)

____

11. È strano; non sa camminare. (imparare)

____

12. Ci divertiamo molto a visitare la bottega. (desiderare)

____

13. Chi vi ha aiutato a tradurre? (insegnare)

____

14. Qualcuno cercava di entrare. (volere)

____

15. Non li vedrete mai entrare in un museo. (pregare)

____

H. *Form new sentences as in the example. Then give the English equivalent of both sentences.*

EXAMPLE Perchè non leggi? (è piacevole) *Leggere è piacevole.*
(Why don't you read? Reading is entertaining.)

1. Ti piace giocare a carte? (è interessante)

____

NAME________________________________DATE______________CLASS____________

2. Non ripetete queste parole. (è volgare)

____

3. Impari le lingue straniere, signorina. (è molto importante)

____

____

4. Non dica sempre le stesse cose. (è noioso)

____

5. Dobbiamo risparmiare. (è necessario)

____

6. Vorresti diventare milionario. (non è difficile)

____

____

NAME______________________________DATE______________CLASS__________

32

THE VERB *FARE* WITH A DEPENDENT INFINITIVE

A. *Answer each question with* fare + infinitive *as in the example.*

EXAMPLE Manderai tu il pacco? *No, lo farò mandare.*

1. Tradurrai tu il documento? ______________________________

2. Farai tu questo lavoro? ______________________________

3. Comprerete voi le verdure? ______________________________

4. Chiederete voi le informazioni? ______________________________

5. Pagherai tu il conferenziere? ______________________________

6. Ordinerete voi la cena? ______________________________

B. *Form a question and answer from each group of words as in the example.*

EXAMPLE il permesso / rinnovare / (lui)
Il permesso? Preferisce farlo rinnovare.

1. la carne e il pesce / preparare / (loro)

____

2. il podere / visitare / l'agricoltore

____

3. le malattie tropicali / studiare / la missione italiana

____

4. gli ospedali / costruire / gli appaltatori

____

5. i bagagli / portare / (noi)

____

6. Renata / ritornare / gli zii

____

C. *Answer each question as in the example.*

EXAMPLE Che cosa farai leggere? (Il Milione di Marco Polo)
Farò leggere Il Milione di Marco Polo.

1. Che cosa farete visitare? (la chiesa di Santa Croce)

____

2. Che cosa farai rinnovare? (il passaporto)

____

3. Che cosa farà ripetere il professore? (le forme del verbo fare)

____

4. Che cosa faranno costruire gli appaltatori? (un nuovo stadio)

____

5. Che cosa farete comprare? (i biglietti per la partita)

____

6. Che cosa farà comprare la mamma? (un libro per il papà)

____

NAME________________________________DATE__________________CLASS___________

D. *Form sentences in the present perfect using indirect object pronouns. Follow the example and use the indicated cues.*

EXAMPLE il professore / dire / tutte le parole nuove / a noi
Il professore ci ha fatto dire tutte le parole nuove.

1. il medico / prendere / queste medicine / a lui

____

2. i professori / studiare / il congiuntivo / a voi

____

3. il ministro / esplorare / il Brasile / a te

____

4. la polizia / cambiare / strada / agli scioperanti

____

5. il caldo / levare / la giacca / all'ingegnere

____

6. tu / ripetere / questa lettura / a me

____

E. *Rewrite each sentence, substituting the appropriate form of* fare *for the underlined verb. Make all necessary changes.*

EXAMPLE L'avvocato le <u>ha detto</u> di entrare. *L'avvocato l'ha fatta entrare.*

1. Il professore mi <u>ha detto</u> di leggere la *Divina Commedia*.

____

2. Gli <u>ho ordinato</u> di tradure tutte le frasi.

____

3. Ci <u>ha detto</u> di aspettare.

____

4. Avete detto loro di andare in galleria?

5. Chi ti ha detto di venire qui?

6. Nessuno vi ha ordinato di rientrare.

7. Le hanno detto di andare alla dogana?

8. Le hanno detto di comprare i biglietti.

9. L'avvocato le ha invitate a ballare.

10. Non ditemi di correre! Non posso!

F. *Translate the following sentences into Italian.*

1. I am having the windows washed. I am having Mary wash the windows.

2. Every day we have the students repeat the verbs.

3. Why did they make you leave again?

NAME________________________________DATE__________________CLASS____________

4. They make the children eat.

____

5. You will have the guests taste the wine.

____

6. The Ministry had all the schools closed.

____

7. She didn't want to dance, but he made her dance. He made her dance a tango.

____

____

8. He had a headache. We had him take two aspirins.

____

9. Why did you have them come? I don't like them!

____

10. You always make me wait!

____

APPENDIX

I. COMMON VERBS THAT TAKE *ESSERE* IN COMPOUND TENSES

a.

andare	*to go*	restare	*to stay*
arrivare	*to arrive*	rimanere	*to remain*
costare	*to cost*	ripassare	*to call again, to stop by again*
durare	*to last*		
entrare	*to go in, come in*	ripartire	*to leave again*
essere	*to be*	riuscire	*to succeed*
morire	*to die*	ritornare	*to come back, go back*
nascere	*to be born*	scendere	*to descend, to go down*
partire	*to leave*	stare	*to stay*
passare	*to go by*	uscire	*to go out*
piacere	*to like*	venire	*to come*
		volerci	*to take (of time)*

b. All verbs used in the passive voice.
c. All reflexive verbs or verbs used reflexively.
d. All verbs used in an impersonal construction.

II. COMMON VERBS WITH AN IRREGULAR PAST PARTICIPLE

accendere	(acceso)	*to light*
chiedere	(chiesto)	*to ask*
chiudere	(chiuso)	*to close*
correre	(corso)	*to run*
corrispondere	(corrisposto)	*to correspond*
decidere	(deciso)	*to decide*
dire	(detto)	*to say, tell*
dirigere	(diretto)	*to direct*
essere	(stato)	*to be*
fare	(fatto)	*to do, make*
leggere	(letto)	*to read*
mettere	(messo)	*to put*
morire	(morto)	*to die*
nascere	(nato)	*to be born*
offrire	(offerto)	*to offer*
parere	(parso)	*to seem*
perdere	(perso)	*to lost*
piacere	(piaciuto)	*to like*
prendere	(preso)	*to take*
raggiungere	(raggiunto)	*to join*
richiedere	(richiesto)	*to require*
ridere	(riso)	*to laugh*
rimanere	(rimasto)	*to remain*
riscuotere	(riscosso)	*to cash*
rispondere	(risposto)	*to answer, reply*
rivolgere	(rivolto)	*to turn*
scegliere	(scelto)	*to choose*
scendere	(sceso)	*to descend, go down*

scrivere	(scritto)	*to write*
sorridere	(sorriso)	*to smile*
valere	(valso)	*to be worth*
vedere	(visto/veduto)	*to see*
venire	(venuto)	*to come*
vivere	(vissuto)	*to live*

III. REFLEXIVE VERBS

abbronzarsi	*to tan, get tanned*
accomodarsi	*to make oneself comfortable*
addormentarsi	*to fall asleep*
alzarsi	*to get up, rise*
arrangiarsi	*to manage, get by*
avviarsi	*to start out*
avvicinarsi	*to come near, approach*
cambiarsi	*to change one's clothes*
chiamarsi	*to be named, be called*
divertirsi	*to amuse oneself, have a good time*
fermarsi	*to stop*
incontrarsi con	*to meet*
lavarsi	*to wash oneself*
portarsi dietro	*to carry around*
preoccuparsi	*to worry*
raccomandarsi	*to beg*
riposarsi	*to rest*
sbrigarsi	*to hurry*
scusarsi	*to excuse oneself, apologize*
sdraiarsi	*to lie down, stretch out*
sentirsi	*to feel*
tenersi	*to hold, to take place*
trattarsi di	*to be a matter of*
trovarsi	*to be located*
tuffarsi	*to dive*
vestirsi	*to dress oneself, get dressed*

IV. VERBS THAT ALWAYS TAKE AN INDIRECT OBJECT (verb + to a person)

bastare	*to be enough*
chiedere	*to ask*
comprare	*to buy*
credere	*to believe, think*
dare	*to give*
dare la mano	*to shake hands*
dare il benvenuto	*to extend one's welcome*
dare del Lei (del tu,voi)	*to address as* Lei (tu, voi)
dire	*to tell, say*
domandare	*to ask*
dovere	*to owe*
fare male	*to hurt, ache*
fare una sorpresa	*to surprise*
fare vedere	*to show*

fare una visita	*to pay a visit*
fare gli auguri	*to offer best wishes*
insegnare	*to teach*
mandare	*to send*
mostrare	*to show*
offrire	*to offer*
ordinare	*to order*
parlare	*to speak*
permettere	*to permit, allow*
piacere	*to be pleasing*
portare	*to carry, bring, take, to wear (clothes)*
promettere	*to promise*
ripetere	*to repeat*
rispondere	*to answer*
scrivere	*to write*
sembrare	*to seem*
servire	*to serve*
sorridere	*to smile*
spiegare	*to explain*
stare bene	*to feel (be) well*
telefonare	*to telephone*
vendere	*to sell*

V. IDIOMATIC EXPRESSIONS WITH *FARE*

fare bello	*to be good weather*
fare brutto	*to be bad weather*
fare buon viaggio	*to have a good trip*
fare caldo	*to be warm (weather)*
fare colazione	*to have lunch, breakfast*
fare delle spese	*to shop*
fare due (tre, etc.) miglia	*to cover two (three, etc.) miles*
fare freddo	*to be cold (weather)*
fare fresco	*to be cool (weather)*
fare gli auguri	*to present one's good wishes*
fare il bagno	*to take a bath*
fare il biglietto	*to get a ticket*
fare conto	*to add up the total*
fare la conoscenza di	*to meet, make the acquaintance of*
fare la doccia	*to take a shower, to shower*
fare lo spiritoso	*to joke, to clown*
fare le valige	*to pack*
fare male	*to hurt (used intransitively), to ache*
fare una conferenza	*to give a lecture*
fare una passeggiata	*to go for a ride, take a walk*
fare una sorpresa	*to surprise*
fare una telefonata	*to make a call*
fare una visita	*to pay a visit*
fare un favore	*to do a favor*
fare un giro	*to take a tour*
fare vedere	*to show*
fare un viaggio	*to take a trip*
fai pure!	*go (right) ahead!*

NAME________________________________ DATE______________ CLASS____________

Introductory lesson on common expressions

I. Dialogo

A. *Listen to the complete dialog. Then listen again and repeat each sentence after the speaker, attempting to act out each part.*

Insegnante: Aprite i libri.
Studenti: Sụbito, signorina.
Insegnante: Maria, leggi le parole nuove.
Maria: Non capisco. Ripeta, per favore.
Insegnante: Leggi le parole nuove.
Maria: La lavagna, il gesso, il cancellino...

Insegnante: Brava, basta. Ora legga Lei, signọr Rossi.
Signọr Rossi: La penna, la matita, il quaderno.
Insegnante: Bravo. Ora ripetete tutti insieme.
Studenti: La lavagna, il gesso, il cancellino, la penna, la matita, il quaderno.
Insegnante: Bravi. Alberto, va' alla lavagna.
Alberto: Sụbito, signorina.
Insegnante: Leggi la frase.
Alberto: Studiamo l'italiano.
Insegnante: Ora ripetete tutti insieme.
Studenti: Studiamo l'italiano.
Insegnante: Rispondete in italiano. Come si dice « Thursday » in italiano?
Studenti: Giovedì.
Insegnante: Come si dice... ? ecc.
Insegnante: Che cosa vuọl dire « domẹnica »?
Studenti: Vuọl dire « Sunday ».
Insegnante: Che giorno è oggi?
Studenti: Oggi è...
Insegnante: Ora chiudete i libri.

II. I numeri da uno a venti

A. *Repeat each number after the speaker.*

1.	8.	15. ....
2.	9.	16. ....
3.	10.	17. ....
4.	11.	18. ....
5.	12.	19. ....
6.	13.	20. ....
7.	14.	

B. *Give the next even number after you hear each number. Then repeat the correct response after the speaker.*

Esempio due *quattro*

....

....

C. *Give the next odd number after the number you hear. Then repeat the correct response after the speaker.*

Esempio uno *tre*

....

....

III. I giorni della settimana

A. *Repeat each day of the week after the speaker.*

1.	4.	6. ....
2.	5.	7. ....
3.		

NAME_______________________________DATE_____________CLASS_____________

B. *After the speaker says what day it is, state the day after and the day before.*

Esempio lunedì *martedì e domenica*

1. ....

2. ....

3. ....

4. ....

NAME______________________ DATE 9.2 ____________ CLASS__________

1

PART I

A. Dialogo: Il telefono

Listen to the complete dialog. Then listen again and repeat each sentence after the speaker, attempting to act out each part.

Il tel̦efono squilla. Graziella Maratti, la madre di Adriana Maratti, alza il ricevitore:

Signora Maratti: Pronto?
Gianni: Pronto. Buọn giorno, Signora Maratti.
Signora Maratti: Buọn giorno. Chi parla?
Gianni: Sono Gianni. Come sta?
Signora Maratti: Ah, buọn giorno, Gianni. Io sto bene grạzie, e Lei?
Gianni: Bene, grạzie. C'è Adriana?
Signora Maratti: Sì! Un momento. *(chiama)* Adriana, Adriana! Tel̦efono! È Gianni!... Gianni, ecco Adriana.
Adriana: Pronto.
Gianni: Ciao, Adriana, come stai?
Adriana: Non c'è male, Gianni. Buọn giorno.
Gianni: Cosa fai? Guardi la televisione?
Adriana: Magari! Che c'è di nuovo?
Gianni: Non trovo le dispense per il corso di economia.
Adriana: Le ụltime dispense?
Gianni: Sì.
Adriana: Hai il libro?
Gianni: Sì, i libri sì, ma non trovo le dispense.
Adriana: Vuoi la cọpia che ho io?
Gianni: Sì, grạzie, quando?
Adriana: Oggi, a scuola va bene?
Gianni: Benịssimo. Arrivederci allora.
Adriana: Ciao.

B. Domande

Answer in complete sentences.

Esempio Che cosa squilla? *Il telefono squilla.*

1. Chi è la madre di Adriana Maratti?

   Graziella Maratti é la madre..

2. Guarda la televisione Adriana?

   No Adriana no guarda latelevisione..

3. Che cosa non trova Gianni?

   ....

C. Vocabolario

Repeat each word or expression after the speaker. Then repeat the sentence that illustrates its meaning. Next, write out its meaning in English. Check your answers in the text.

1. la copia: Vuoi la *copia* che ho io? ____________________
2. il corso: Non trovo le dispense per il *corso* di economia.

   ____
3. le dispense: Gianni non trova le *dispense* per il corso d'italiano.

   ____
4. il gettone: Gianni ha il *gettone* per il telefono.

   ____
5. il libro: Gianni ha il *libro* di economia. ____________________
6. il ricevitore: Quando il telefono squilla, la madre alza il *ricevitore*. ____________________
7. Pronto: *Pronto*, chi parla? ____________________
8. la madre: La *madre* di Adriana si chiama Graziella Maratti.

   ____

NAME________________________ DATE________________ CLASS__________

9. bene: Gianni sta *bene*. ______________________________

10. arrivederci: *Arrivederci*, Gianni. ______________________

PART II

A. *Repeat each noun after the speaker.*

1. ..... 2. ..... 3. ..... 4. ..... 5. ..... 6. .....

B. *Give the singular of each plural noun. Then repeat the answer.*

Esempio capitoli *capitolo*

1. ..... 2. ..... 3. ..... 4. ..... 5. ..... 6. .....

C. *Give the plural of each noun. Then repeat the answer.*

Esempio il libro *i libri*

1. ..... 2. ..... 3. ..... 4. ..... 5. ..... 6. .....

D. *Give the definite article of each noun. Then repeat the answer.*

Esempio zucchero *lo zucchero*

1. ..... 2. ..... 3. ..... 4. ..... 5. ..... 6. .....

E. *Give the definite article of each plural noun. Then repeat the answer.*

Esempio libri *i libri*

1. ..... 2. ..... 3. ..... 4. ..... 5. ..... 6. .....
7. ..... 8. .....

F. *Using* chi, *ask the question that would elicit each of the following responses. Then repeat the question.*

Esempio Graziella alza il ricevitore. *Chi alza il ricevitore?*

1. ..... 2. ..... 3. ..... 4. .....

G. *Using* che cosa, *ask the question that would elicit each response. Then repeat the question.*

Esempio Il telefono squilla. *Che cosa squilla?*

1. ..... 2. ..... 3. ..... 4. .....

H. *Change each noun from singular to plural. Then repeat the answer.*

Esempio Ecco il libro. *Ecco i libri.*

1. ..... 2. ..... 3. ..... 4. ..... 5. ..... 6. .....

PART III

A. Pronuncia

Concentrating on the vowel sounds represented by a *and* e *say each word after the speaker and write it down in the space provided. Then listen to the speaker's response and repeat the word.*

1. ______________ 5. ______________
2. ______________ 6. ______________
3. ______________ 7. ______________
4. ______________ 8. ______________

B. Formazione delle frasi

Form a complete sentence out of each set of items below, putting your answers on the tape. Then repeat the response after the speaker.

Esempio Non / trov- / gl- / esam- *Non trovo gli esami.*

1. Con / ch- / parl- / l- / signora / Maratti?

....

2. Ci / son- / i / ragazz- / e / l- / ragazz-

....

3. Ecco / l- / dispens- / di / economi-

....

4. Guardi / la / televisione ?

....

C. Coppie

After you hear the speaker say the item from the left column, choose the part that completes the sentence from the right column, saying the whole sentence. Then repeat the response after the speaker.

Esempio C'è il telefono *C'è il telefono a casa di Adriana?*

1. C'è la televisione h	a. la signora Maratti?
2. Non trovo d	b. alza il ricevitore.
3. Chi chiama a	c. che ho io?
4. Graziella Maratti b	d. le dispense.
5. Io sto g	e. squilla
6. Vuoi la copia c	f. parla?
7. Il telefono e	g. bene, grazie.
8. Chi f	h. a casa di Adriana?

NAME______________________________ DATE______________ CLASS______________

2

PART I

A. Dialogo: Il primo giorno di scuola

Listen to the complete dialog. Then listen again and repeat each sentence after the speaker, attempting to act out each part.

È il primo giorno di scuola per gli studenti universitari. Adriana e Gianni arrivano a scuola e incontrano due studenti.

Adriana: Buon giorno, Franco. Come va?
Franco: *(vede Adriana)* Guarda chi si vede! Ciao Adriana, come stai?
Adriana: Benissimo.
Gianni: Ciao Franco. Anche tu hai lezione ora? Franco, perchè non rispondi?
Franco: Cosa?
Gianni: Hai lezione ora?
Franco: Sì, matematica purtroppo.
Adriana: Perchè purtroppo?
Franco: Perchè oggi è il primo giorno di scuola e perchè la matematica e io non andiamo d'accordo.
Adriana: Peccato. Ah... ecco Anna! Franco, Gianni, conoscete Anna?
Franco: No, non conosco Anna.
Anna: Mi chiamo Anna Silvani, sono studentessa di primo anno.
Franco: Piacere! Io sono Franco Venturi e lui è Gianni Spinola. Io studio filosofia e lui studia il meno possibile!
Gianni: Lei che studia, signorina?
Anna: Medicina.

Mentre i ragazzi e le ragazze continuano a parlare, i professori arrivano e le lezioni cominciano.

B. Domande

Answer in complete sentences.

Esempio   Che giorno è?   *È il primo giorno di scuola.*

1. Che lezione ha Franco?

   ....

2. Che cosa studia Anna?

   ....

3. Chi continua a parlare?

   ....

C. Vocabolario

Repeat each word or expression after the speaker. Then repeat the sentence that illustrates its meaning. Next, write out its meaning in English. Check your answers in the text.

1. l'anno: Anna è studentessa di primo *anno*. ____________________
2. la lezione: La *lezione* d'italiano comincia ora. ____________________
3. il ragazzo: Il *ragazzo* è italiano. ____________________
4. la ragazza: La *ragazza* è americana. ____________________
5. lo studente: Lo *studente* parla italiano. ____________________
6. la studentessa: Anche la *studentessa* parla italiano.

   ____

7. arrivare: Quando *arriva* il professore? ____________________
8. conoscere: Franco non *conosce* Anna. ____________________
9. incontrare: Adriana e Gianni *incontrano* due studenti.

   ____

10. rispondere: Anna *risponde* alla domanda. ____________________
11. studiare: Franco *studia* filosofia. ____________________

12. vedere: Franco *vede* Anna. ____________________

13. purtroppo: *Purtroppo*, Franco non va d'accordo con la matematica.

____

14. Come va? Buon giorno, Franco. *Come va?* ____________________

15. peccato: *Peccato!* Oggi è il primo giorno di scuola!

____

PART II

A. *Repeat each verb after the speaker.*

1. ..... 2. ..... 3. ..... 4. ..... 5. ..... 6. .....

B. *Say that you, too, are doing the same activity expressed in each sentence. Then repeat the answer.*

Esempio Studiano molto. *Anch'io studio molto.*

1. ..... 2. ..... 3. ..... 4. .....

C. *Say that you are the one who does the activity mentioned. Then repeat the answer.*

Esempio Rispondi tu? *Sì, rispondo io.*

1. ..... 2. ..... 3. ..... 4. .....

D. *Answer each question in the negative. Then repeat the answer.*

Esempio Franco ha lezione d'italiano? *No, non ha lezione d'italiano.*

1. ..... 2. ..... 3. ..... 4. .....

E. *Answer each question in the negative. Then repeat the answer.*

Esempio Voi studiate, e loro? *No, loro non studiano.*

1. ..... 2. ..... 3. ..... 4. .....

F. *Answer each question in the affirmative. Then repeat the answer.*

Esempio Noi aspettiamo, e lui? *Anche lui aspetta.*

1. ..... 2. ..... 3. ..... 4. ..... 5. ..... 6. .....

G. *Ask why certain things are done as in the example. Then repeat the question.*

Esempio Insegno. *Perchè insegni?*

1. ..... 2. ..... 3. ..... 4. .....

H. *Change each statement to a question. Then repeat the question with proper voice inflection.*

Esempio Non conoscono Franco. *Non conoscono Franco?*

1. ..... 2. ..... 3. ..... 4. ..... 5. ..... 6. .....

PART III

A. Pronuncia

Concentrating on the vowel sounds represented by i, o, *and* u *say each word after the speaker and write it down in the space provided. Then listen to the speaker's response and repeat the word.*

1. ____________	7. ____________
2. ____________	8. ____________
3. ____________	9. ____________
4. ____________	10. ____________
5. ____________	11. ____________
6. ____________	12. ____________

B. Formazione delle frasi

Make a complete sentence out of each set of items below. Then repeat the response after the speaker.

Esempio   l- / lezioni / cominci-   *Le lezioni cominciano.*

1. Adriana / cerc- / l- / dispense

 ....

2. voi / studi- / matematic-

 ....

3. l- / studente / conosc- / l- / signora / Maratti

 ....

4. noi / mang- / gl- / spinac-

 ....

C. Coppie

After you hear the speaker say the pronoun from the left column, choose the verb to which it corresponds from the right column. Then repeat the response after the speaker.

Esempio   io   *Io rispondo.*

1. io	a. aspettiamo
2. lei	b. leggo
3. noi	c. prendete
4. tu	d. scrivono
5. loro	e. ascolta
6. voi	f. chiami

NAME______________________________ DATE______________ CLASS____________

3

PART I

A. Dialogo: Una conversazione alla mensa universitaria

Listen to the complete dialog. Then listen again and repeat each sentence after the speaker, attempting to act out each part.

Gli studenti italiani come gli studenti americani, o come gli studenti di tutti i paesi, hanno sempre poco denaro. La mensa universitạria è popolare perchè i prezzi sono mọdici. È mezzogiorno e un gruppo di studenti ọccupa una tạvola.

Bruno: Cosa mangi tu? Che c'è di buono oggi?
Franco: C'è minestra, carne, pesce e verdura. Io non mạngio perchè non ho fame.
Gianni: Raccomando il pesce; è buono. Anche la minestra è buona.
Bruno: Io prendo carne e verdura.
Adriana: Allora domani partenza, eh?
Bruno: Sì, domani a mezzogiorno.
Franco: Dove vai?
Bruno: A un congresso di studenti universitari.
Gianni: Dove? A Roma?
Bruno: No, a Venẹzia.
Adriana: Fortunato te! Vai solo?
Bruno: No, con altri tre studenti. Siamo tre italiani e una ragazza americana.
Franco: Buọn viạggio e buọn divertimento.
Bruno: Grạzie. E ora ciao.
Gianni: Perchè? Hai fretta?
Bruno: Sì, purtroppo ho lezione.

B. Domande

Answer in complete sentences.

Esempio Perchè è popolare la mensa universitaria?
La mensa universitaria è popolare perchè i prezzi sono modici.

1. Perchè non mangia Franco?

....

2. Dove va Bruno?

....

3. Chi ha lezione?

....

C. Vocabolario

Repeat each word or expression after the speaker. Then repeat the sentence that illustrates its meaning. Next, write out its meaning in English. Check your answers in the text.

1. la carne: Io non mangio *carne*. ____________________
2. la conversazione: Oggi ho la lezione di *conversazione*.

   ____
3. il denaro: Non ho *denaro* perchè sono studente. ______________
4. il gruppo: Un *gruppo* di studenti è alla mensa. ______________
5. la minestra: La *minestra* non è bouna. ______________________
6. il pesce: Il *pesce* è molto buono. ________________________
7. il prezzo: I *prezzi* sono modici. __________________________
8. la tavola: Gli studenti sono alla *tavola*. _______________
9. la verdura: Bruno mangia *la verdura*. ______________________
10. Buon viaggio: Gianni, vai in Italia? *Buon viaggio*.

    ____

NAME______________________________DATE______________CLASS____________

PART II

A. *Repeat each noun phrase after the speaker.*

1. ..... 2. ..... 3. ..... 4. ..... 5. ..... 6. .....

B. *Give the singular of each noun phrase. Then repeat the answer.*

Esempio i libri vecchi *il libro vecchio*

1. ..... 2. ..... 3. ..... 4. ......

C. *Give the plural of each noun phrase. Then repeat the answer.*

Esempio il prezzo modico *i prezzi modici*

1. ..... 2. ..... 3. ..... 4. .....

D. *Form a complete sentence using the appropriate form of the verb* essere. *Then repeat the sentence.*

Esempio il signore italiano elegante *Il signore italiano è elegante.*

1. ..... 2. ..... 3. ..... 4. ..... 5. ..... 6. .....

E. *In response to each question, say that you have only one of the things mentioned. Then repeat the answer.*

Esempio Ha dizionari italiani? *Ho solo un dizionario italiano.*

1. ..... 2. ..... 3. ..... 4. .....

F. *Use the word* perchè *to form a question from each statement. Then repeat the question.*

Esempio Abbiamo sempre fame. *Perchè avete sempre fame?*

1. ..... 2. ..... 3. ..... 4. .....

G. *Ask why certain things are the way there are. Then repeat the question.*

Esempio Il film è interessante. *Perchè è interessante?*

1. ..... 2. ..... 3. ..... 4. .....

H. *Answer each question, saying that there are two of the items mentioned. Then repeat the answer.*

Esempio C'è una ragazza francese? *No, ci sono due ragazze francesi.*

1. ..... 2. ..... 3. ..... 4. .....

I. *Using* quando *or* dove, *ask the question that would elicit each response. Then repeat the question.*

Esempio Marco è a casa. *Dov'è Marco?*

1. ..... 2. ..... 3. ..... 4. ..... 5. ..... 6. .....

PART III

A. Pronuncia

Concentrating on the articulation of double consonants, say each word after the speaker and write it down in the space provided. Then listen to the speaker's response and repeat the word.

1. ______________________ 5. ______________________

2. ______________________ 6. ______________________

3. ______________________ 7. ______________________

4. ______________________ 8. ______________________

B. Formazione delle frasi

Make a complete sentence out of each set of items below. Then repeat the response after the speaker.

Esempio *definite article* / studenti / avere / sempre / poco / denaro
Gli studenti hanno sempre poco denaro.

1. Bruno / essere / *indefinite article* / studente / italiano

....

2. *definite article* / lingua / italiana / essere / bella

....

3. essere / *indefinite article* / buon / libro

....

4. noi / avere / fretta / e / loro / avere / sonno

....

C. Coppie

After you hear the speaker say the noun phrase from the left column, choose the appropriate adjective from the right column. Then repeat the response after the speaker.

Esempio   una ragazza   *una ragazza bella*

1. una studentessa	a. giovani
2. gli abiti	b. brava
3. una cravatta	c. rosse
4. un guanto	d. vecchi
5. le zie	e. verde
6. le giacche	f. piccolo

NAME________________________________DATE_______________CLASS____________

4

PART I

A. Dialogo: Compagni di scuola

Listen to the complete dialog. Then listen again and repeat each sentence after the speaker, attempting to act out each part.

Michele e Mạrio sono studenti di Liceo. Sono in classe. Ora hanno lezione d'inglese. Il professore, il Dottọr Centrini, apre il libro e dice: « Ecco i cọmpiti per domani. Lettura da pạgina 5 a pạgina 8. Gli esercizi sono a pạgina 10. » Mạrio scrive gli ụltimi appunti quando il campanello suona.

Michele: Dove vai ora?
Mạrio: Cosa?
Michele: Non senti? Dove vai?
Mạrio: Oh, vado a casa. Vado a studiare.
Michele: Hai molta fretta?
Mạrio: No, anzi.
Michele: Perchè non andiamo a piedi allora?
Mạrio: È una buọn'idea. Finisco di prẹndere gli appunti e andiamo.
Michele: Ma perchè prendi tanti appunti?
Mạrio: Perchè senza appunti non capisco bene le lezioni.
Michele: Sei pronto?
Mạrio: Sì. Ecco fatto. Sono pronto.
Michele e Mạrio: *(vanno verso l'uscita)* Buona sera, Professọr Centrini. Arrivederla.
Professọr Centrini: Buona sera. Arrivederci.
Mạrio: La lịngua inglese è molto diffịcile.
Michele: È vero. Molte lịngue sono diffịcili.
Mạrio: Studiamo insieme per l'esame stasera?
Michele: Sì. Dopo cena a casa mia.
Mạrio: Vai a vedere la partita domẹnica?
Michele: No, domẹnica non esco, non ho tempo. Tu esci?
Mạrio: No. Neppure io esco. Non ho soldi.
Michele: Allora, a stasera.
Mạrio: A stasera.

B. Domande

Answer in complete sentences.

Esempio   Chi sono Michele e Mario?   *Michele e Mario sono studenti di Liceo.*

1. Dove va Mario?

....

2. Come è la lingua inglese?

....

3. Perchè Mario non esce domenica?

....

C. Vocabolario

Repeat each word or expression after the speaker. Then repeat the sentence that illustrates its meaning. Next, write out its meaning in English. Check your answers in the text.

1. l'appunto: Mario scrive gli ultimi *appunti*. ____________________
2. il campanello: Il *campanello* suona. ____________________
3. la casa: Ora vado a *casa*. ____________________
4. il compito: Ecco i *compiti* per domani. ____________________
5. l'esame: Michele e Mario studiano insieme per *l'esame*.

   ____

6. la lettura: Il compito è la *lettura* a pagina 10. ____________
7. la partita: Michele va a vedere la *partita* domenica. __________
8. la sera: Tutte le *sere* io studio l'italiano. ______________
9. il soldo: Gli studenti non hanno *soldi*. ________________
10. l'uscita: Michele e Mario vanno verso *l'uscita*. ____________
11. difficile: L'esame non è *difficile*. ________________
12. tanto: Mario prende *tanti* appunti. ________________

13. ultimo: Chi ha gli *ultimi* appunti? ____________________

14. aprire: Il professore *apre* il libro a pagina 10. ____________

15. finire: La lezione *finisce* quando il campanello suona. ________

16. scrivere: Il professore *scrive* il compito alla lavagna. ________

PART II

A. *Repeat each verb after the speaker.*

1. ..... 2. ..... 3. ..... 4. ..... 5. ..... 6. .....
7. ..... 8. .....

B. *Give the plural of each noun phrase. Then repeat the answer.*

Esempio l'esame difficile *gli esami difficili*

1. ..... 2. ..... 3. ..... 4. ..... 5. ..... 6. .....

C. *Give the singular of each noun phrase. Then repeat the answer.*

Esempio i primi giorni *il primo giorno*

1. ..... 2. ..... 3. ..... 4. .....

D. *Add the correct form of* molto *to each statement as in the example. Then repeat the answer.*

Esempio Maria è bella. *Anzi, è molto bella.*

1. ..... 2. ..... 3. ..... 4. ..... 5. ..... 6. .....

E. *Add the correct form of* molto *to each statement. Then repeat the answer.*

Esempio Ci sono ragazze italiane. *Ci sono molte ragazze italiane.*

1. ..... 2. ..... 3. ..... 4. ..... 5. ..... 6. .....

F. *Answer in the negative using a form of* tanto *instead of* poco. *Then repeat the answer.*

Esempio Carlo ha pochi soldi? *No, ha tanti soldi.*

1. ..... 2. ..... 3. ..... 4. ..... 5. ..... 6. .....

G. *Answer in the affirmative. Then repeat the answer.*

Esempio Va in biblioteca? *Sì, vado in biblioteca.*

1. ..... 2. ..... 3. ..... 4. .....

H. *Answer in the negative. Then repeat the answer.*

Esempio Il signor Verini esce stasera? *No, non esce.*

1. ..... 2. ..... 3. ..... 4. .....

I. *Ask to whom each of the following things belongs. Then repeat the question.*

Esempio Il libro è di Maria. *Di chi è il libro?*

1. ..... 2. ..... 3. ..... 4. .....

PART III

A. Pronuncia

Concentrating on the pronunciation of the sounds represented by gl *and* gn, *say each word after the speaker and write it down in the space provided. Then listen to the speaker's response and repeat the word.*

1. ______________ 5. ______________

2. ______________ 6. ______________

3. ______________ 7. ______________

4. ______________ 8. ______________

NAME________________________________DATE_______________CLASS_____________

B. Formazione delle frasi

Make a complete sentence out of each group of words below. Then repeat the response after the speaker.

Esempio denaro / essere / necessario *Il denaro è necessario.*

1. tempo / volare

....

2. studenti / non capire / lezione

....

3. professor Corso / finire / lezione

....

4. signor Bianchi / non aprire / porta

....

C. Coppie

After you hear the item from the left column, choose either its synonym or antonym, as the case may be, from the right column. Then repeat the response after the speaker.

Esempio l'insegnante *il professore*

1. buono	a. il denaro
2. senza	b. ultimo
3. molto	c. l'uscita
4. primo	d. tanto
5. i soldi	e. cattivo
6. l'entrata	f. con

NAME__________________ DATE__________ CLASS________

5

PART I

A. Dialogo: La famiglia Borghini

Listen to the complete dialog. Then listen again and repeat each sentence after the speaker, attempting to act out each part.

La famịglia Borghini ạbita in un appartamento in un bell'edifịcio in periferia. In quest'appartamento ci sono due cạmere, il salotto, la sala da pranzo, la cucina e il bagno. Non è un appartamento grande ma è cọmodo. I Borghini hanno due fịglie, Marina e Vanna. Marina ha diciotto anni e va alla scuola magistrale. Vanna ha venti anni ed è impiegata in un'agenzia di viaggi. Il signọr Borghini è ragioniere e lavora per una ditta di elettrodomẹstici. Oggi è venerdì. La signora Borghini ha bisogno di calze e di scarpe ed è pronta a uscire per andare al centro. Parla con Marina.

Signora Borghini: Marina, vado al centro a fare delle compre. Vieni anche tu?
Marina: No, mamma, non vengo perchè ho un appuntamento. Che compri?
Signora Borghini: Delle scarpe e delle calze. Queste scarpe blu sono vẹcchie.
Marina: Dove vai, alla Rinascente?
Signora Borghini No, vado a quẹl negọzio in Via Verdi.
Marina: È una buon'idea. È un bel negọzio. Là hanno dei bei vestiti e anche delle scarpe molto eleganti e non troppo care.
Signora Borghini: Quando ritorni dall'appuntamento?
Marina: Presto, perchè?
Signora Borghini: Perchè stasera mangiamo presto. Io e papà andiamo al cịnema. Ciao.
Marina: Ciao, mamma.

B. Domande

Answer in complete sentences.

Esempio Dove abita la famiglia Borghini?
La famiglia Borghini abita in un appartamento.

1. Che giorno è oggi?

....

2. Quando ritorna dall'appuntamento Marina?

....

3. Dove vanno stasera il signor Borghini e la signora Borghini?

....

C. Vocabolario

Repeat each word or expression after the speaker. Then repeat the sentence that illustrates its meaning. Next, write out its meaning in English. Check your answers in the text.

1. l'agenzia di viaggi: Vanna lavora in un'*agenzia di viaggi*. ______________
2. l'appartamento: Marina abita in un *appartamento*. ______________
3. il bagno: Quella casa ha un *bagno* grande. ______________
4. la calza: La signora Borghini ha bisogno di *calze*. ______________
5. la camera: Io dormo in una *camera* grande. ______________
6. la cucina: La *cucina* di quella casa è molto grande. ______________
7. la ditta: Il signor Borghini lavora in una *ditta* di elettrodomestici. ______________
8. l'edificio: Abito in un *edificio* in periferia. ______________
9. il negozio: Domani vado al centro ad un *negozio* di scarpe. ______________

10. la sala da pranzo: Quella casa non ha una *sala da pranzo.*

____

11. il salotto: Il *salotto* di quell'appartamento è molto bello.

____

12. il vestito: Marina compra un *vestito* nuovo. _______________

13. la via: Vado a quel negozio in *Via* Verdi. _______________

14. caro: Le scarpe sono molto *care.* _______________

15. comodo: È un appartamento molto *comodo.* _______________

16. elegante: La signora Borghini è molto *elegante.* _______________

17. vecchio: Le scarpe sono *vecchie.* _______________

18. andare al centro: Domani *vado al centro.* _______________

PART II

A. *Give the singular of each noun phrase. Then repeat the answer.*

Esempio i libri rossi *il libro rosso*

1. .... 2. ..... 3. ..... 4. .....

B. *Give the plural of each noun phrase. Then repeat the answer.*

Esempio il dizionario francese *i dizionari francesi*

1. ..... 2. ..... 3. ..... 4. ..... 5. ..... 6. .....

C. *Give the plural of each noun phrase. Then repeat the answer.*

Esempio la casa dell'amico *le case degli amici*

1. ..... 2. ..... 3. ..... 4. ..... 5. ..... 6. .....

D. *Answer in the negative using the correct form of the pronoun* quello. *Then repeat the answer.*

Esempio Leggi questi libri? *No, leggo quelli.*

1. ..... 2. ..... 3. ..... 4. ..... 5. ..... 6. .....

E. *Following the example, answer the question using the correct form of* quello. *Then repeat the answer.*

Esempio Questa giacca è nuova. E quella? *Anche quella giacca è nuova.*

1. ..... 2. ..... 3. ..... 4. ..... 5. ..... 6. .....

F. *Ask your friend where he or she is going. Then repeat the question.*

Esempio scuola *Vai a scuola?*

1. ..... 2. ..... 3. ..... 4. ..... 5. ..... 6. .....

G. *Say that you are returning from each place suggested. Then repeat the answer.*

Esempio il cinema *Torno dal cinema.*

1. ..... 2. ..... 3. ..... 4. ..... 5. ..... 6. .....

H. *Following the example, form a complete sentence using the appropriate form of the partitive. Then repeat the answer.*

Esempio giornali vecchi *Il professor Neri ha dei giornali vecchi.*

1. ..... 2. ..... 3. ..... 4. ..... 5. ..... 6. .....

I. *Following the example, form a complete sentence using the appropriate form of* bello. *Then repeat the answer.*

Esempio casa *È una bella casa.*

1. ..... 2. ..... 3. ..... 4. ..... 5. ..... 6. .....

NAME______________________________ DATE______________ CLASS___________

PART III

A. Pronuncia

Concentrating on the pronunciation of the sounds represented by ca, co, cu, ci, ce, *and* ch, *say each word after the speaker and write it down in the space provided. Then listen to the speaker's response and repeat the word.*

1. ________________________ 7. ________________________

2. ________________________ 8. ________________________

3. ________________________ 9. ________________________

4. ________________________ 10. ________________________

5. ________________________ 11. ________________________

6. ________________________ 12. ________________________

B. Formazione delle frasi

Combine each pair of sentences below. Then repeat the response after the speaker.

Esempio Il signor Borghini è ragioniere. Il signor Borghini lavora per una ditta.
Il signor Borghini è ragioniere e lavora per una ditta.

1. La signora Borghini ha bisogno di calze. La signora Borghini è pronta a uscire.

   ....

2. Hanno dei bei vestiti. Hanno anche delle scarpe eleganti.

   ....

3. Sono eleganti. Non sono troppo care.

   ....

4. Mangiamo presto stasera. Poi andiamo al cinema.

   ....

C. Coppie

After you hear the phrase from the left column, choose its completion from the right column. Then repeat the response after the speaker.

Esempio Il libro è *Il libro è sulla finestra del salotto.*

1. I quaderni	a. all'amico di Carlo.
2. Adriana scrive	b. degli studenti sono nuovi.
3. Ogni giorno compro	c. dallo studio del professore.
4. Nella vetrina ci sono	d. dello studente di geografia.
5. Gli studenti vengono	e. dei giornali.
6. Sono le dispense	f. delle belle pantofole.

NAME______________________ DATE__________ CLASS__________

6

PART I

A. Dialogo: Da Giacomo—il fruttivendolo

Listen to the complete dialog. Then listen again and repeat each sentence after the speaker, attempting to act out each part.

La signora Borghini è una vẹcchia cliente di Giạcomo. I supermercati sono ormai molto comuni in tutte le città italiane, ma la signora Borghini preferisce fare la spesa all'antica. La frutta e la verdura le compra da Giạcomo, la carne dal macellạio, e il pane dal fornạio.

Signora Borghini: Che belle frạgole, Giạcomo, quanto cọstano?
Giạcomo: Sono belle, vero? Le vuole?
Signora Borghini: Sì, ma quanto cọstano?
Giạcomo: Novantacịnque lire l'etto.
Signora Borghini: Sono molto care.
Giạcomo: Sono le prime della stagione, signora; siamo ancora in primavera.
Signora Borghini: Sono veramente troppo care; oggi non le prendo.
Giạcomo: Perchè non va a comprarle al supermercato? Là vẹndono anche la frutta surgelata.
Signora Borghini: No, Giạcomo, noi non mangiamo frutta surgelata.
Giạcomo: Ma le frạgole surgelate sono buone, sa?
Signora Borghini: È vero, però preferisco la frutta fresca. Stamani prendo soltanto verdura.
Giạcomo: Ecco le carote e i fagiolini. Desịdera altro?
Signora Borghini: No. Che ore sono?
Giạcomo: Le ụndici e venti... no, le ụndici e mezzo.
Signora Borghini: È ancora presto. Il signọr Borghini ritorna a mezzogiorno e mezzo. Ora vado dal fornạio a comprare il pane. Arrivederci, Giạcomo.
Giạcomo: Buọn giorno, signora.

B. Domande

Answer in complete sentences.

Esempio Chi è la signora Borghini?
La signora Borghini è una vecchia cliente di Giacomo.

1. Quanto costano le fragole?

....

2. Che cosa preferisce la signora Borghini?

....

3. Che ore sono?

....

C. Vocabolario

Repeat each word or expression after the speaker. Then repeat the sentence that illustrates its meaning. Next, write out its meaning in English. Check your answers in the text.

1. la carota: La signora Borghini compra le *carote*. ______________

2. l'etto: Le fragole costano novantacinque lire l'*etto*.

____

3. il fagiolino: I *fagiolini* costano molto poco. ______________

4. il fornaio: Noi compriamo il pane dal *fornaio*. ______________

5. la fragola: Le *fragole* non sono surgelate. ______________

6. la frutta: La *frutta* è buona quando è fresca. ______________

7. il fruttivendolo: Il *fruttivendolo* vende la frutta. ______________

8. il macellaio: Noi compriamo la carne dal *macellaio*. ______________

9. il supermercato: Noi compriamo la frutta surgelata al *supermercato*.

____

10. preferire: Io *preferisco* soltanto la frutta fresca. ______________

11. vendere: Giacomo non *vende* la frutta surgelata. ______________

12. ancora: È *ancora* presto. ______________________________

13. troppo: Le fragole sono *troppo* care. ______________________

14. fare la spesa: Ogni settimana *faccio la spesa* al supermercato.

____

PART II

A. *Using the appropriate object pronoun, answer each question affirmatively. Then repeat the answer.*

Esempio Invitate Gino? *Sì, lo invitiamo.*

1. ..... 2. ..... 3. ..... 4. ..... 5. ..... 6. .....

B. *Using the appropriate object pronoun, answer each question affirmatively. Then repeat the answer.*

Esempio Mi vedi? *Sì, ti vedo.*

1. ..... 2. ..... 3. ..... 4. .....

C. *You are speaking to Mrs. Rossi. Listen carefully to the example and answer as suggested. Then repeat the answer.*

Esempio invitare *Signora, La voglio invitare.*

1. ..... 2. ..... 3. ..... 4. .....

D. *You are speaking to Mr. Bianchi. Listen carefully to the example and answer as suggested. Then repeat the answer.*

Esempio invitare *Signore, desidero invitarLa.*

1. ..... 2. ..... 3. ..... 4. .....

E. *Say that you do not want the things offered to you using a direct object pronoun. Then repeat the answer.*

Esempio   Abbiamo le mele mature.   *No grazie, non le voglio.*

1. .....   2. .....   3. .....   4. .....   5. .....   6. .....

F. *Respond negatively to each question. Listen carefully to the example. Then repeat the answer.*

Esempio   Mangi le fragole?   *No, le fragole non le mangio.*

1. .....   2. .....   3. .....   4. .....

G. *Add twenty minutes to the time indicated. Then repeat the answer.*

Esempio   Sono le tre.   *No, sono le tre e venti.*

1. .....   2. .....   3. .....   4. .....

H. *Repeat the sentence given and indicate where you do the things suggested. Then repeat the answer.*

Esempio   Compro la frutta...   *Compro la frutta dal fruttivendolo.*

1. .....   2. .....   3. .....   4. .....

I. *Ask the question that would elicit each response. Then repeat the question.*

Esempio   Il treno parte alle venti.   *A che ora parte?*

1. .....   2. .....   3. .....   4. .....

J. *Change each sentence to the plural. Then repeat the answer.*

Esempio   Ecco l'università popolare.   *Ecco le università popolari.*

1. .....   2. .....   3. .....   4. .....

NAME______________________________DATE______________CLASS_____________

PART III

A. Pronuncia

Concentrating on the pronunciation of the sounds represented by ga, go, gu, gi, ge, *and* gh, *say each word after the speaker and write it down in the space provided. Then listen to the speaker's response and repeat the word.*

1. ______________________ 7. ______________________

2. ______________________ 8. ______________________

3. ______________________ 9. ______________________

4. ______________________ 10. ______________________

5. ______________________ 11. ______________________

6. ______________________ 12. ______________________

B. Formazione delle frasi

Make a complete sentence out of each group of words below. Then repeat the response after the speaker.

Esempio signora Borghini / essere / vecchia cliente / Giacomo
La signora Borghini è una vecchia cliente di Giacomo.

1. compra / frutta / e / verdura / fruttivendolo

   ....

2. compra / carne / macellaio

   ....

3. compra / pane / fornaio

   ....

4. compra / fragole surgelate / supermercato

   ....

C. Coppie

After you hear the time expression from the left column, choose the synonymous expression from the right column. Then repeat the response after the speaker.

Esempio Sono le otto e cinquanta. *Sono le nove meno dieci.*

1. Sono le nove e cinquanta.	a. Sono le quattro meno due.
2. Sono le due meno quindici.	b. È l'una e mezzo.
3. Mancano due minuti alle quattro.	c. Sono le due meno un quarto.
4. È l'una e trenta.	d. È mezzanotte.
5. Sono le otto di sera.	e. Sono le dieci meno dieci.
6. Sono le ventiquattro.	f. Sono le venti.

NAME______________________________ DATE____________ CLASS____________

7

PART I

A. Dialogo: La prima colazione

Listen to the complete dialog. Then listen again and repeat each sentence after the speaker, attempting to act out each part.

Sono le sette e mezzo di mattina e la famiglia Borghini è già seduta a tavola per la prima colazione.

Signor Borghini: Buon giorno Emilia, buon giorno, ragazze.
Vanna e Marina: Buon giorno, papà.
Signora Borghini: Buon giorno, Paolo, hai dormito bene?
Signor Borghini: Come un ghiro. E ora ho fame.
Signora Borghini: Ecco i panini, i cornetti e la marmellata.
Vanna: Ecco il caffè, papà. È bello caldo.
Marina: Io prendo il caffellatte stamani.
Signora Borghini: Com'è andata la riunione ieri sera, Paolo?
Signor Borghini: È stata molto interessante. È venuto anche il direttore... Lo zucchero, per favore.
Vanna: Eccolo. Ancora caffè, papà?
Signor Borghini: No, grazie. Com'è forte questo caffè! Ho parlato con molte persone.
Signora Borghini: Hai visto anche il Dottor Corso?
Signor Borghini: No, non l'ho visto. *(Prende un altro panino, del burro e della marmellata.)* E qua a casa che c'è di nuovo? Come va la scuola, Marina?
Marina: Sempre la stessa storia. Niente di nuovo.
Signor Borghini: *(a Vanna)* E all'agenzia?
Vanna: Abbiamo due novità: una gita a Parigi per il quindici d'agosto e una a Londra per il primo di settembre.
Marina: Mamma, c'è ancora caffellatte?
Signora Borghini: No, è finito.
Marina: Che peccato!
Signor Borghini: *(Guarda l'orologio.)* Sono le otto e un quarto e al solito sono in ritardo. Ciao.

B. Domande

Answer in complete sentences.

Esempio Che ore sono? *Sono le sette e mezzo di mattina.*

1. Come ha dormito il signor Borghini?

   ....

2. Com'è il caffè del signor Borghini?

   ....

3. Il signor Borghini ha visto il Dottor Corso?

   ....

C. Vocabolario

Repeat each word or expression after the speaker. Then repeat the sentence that illustrates its meaning. Next, write out its meaning in English. Check your answers in the text.

1. il burro: Io preferisco il pane con il *burro*. ____________
2. il caffellatte: Per la prima colazione io prendo soltanto *caffellatte*. ____________
3. il cornetto: I *cornetti* sono molto buoni. ____________
4. il direttore: Il *direttore* non è venuto alla riunione. ____________
5. la gita: La *gita* da Parigi a Londra costa troppo. ____________
6. la marmellata: La *marmellata* è buona sui panini. ____________
7. lo zucchero: Io metto tanto *zucchero* nel caffè. ____________
8. forte: Il caffè espresso è molto *forte*. ____________
9. stesso: Ogni mattina io faccio la *stessa* colazione. ____________
10. guardare: Il signor Borghini *guarda* l'orologio. ____________
11. già: Io ho *già* mangiato. ____________
12. essere in ritardo: Io *sono* sempre *in ritardo* per la lezione.

    ____

NAME__________________________________DATE________________CLASS_____________

PART II

A. *Following the example, say that you have already done each action mentioned. Then repeat the answer.*

Esempio Mangi adesso? *No, ho già mangiato.*

1. ..... 2. ..... 3. ..... 4. ..... 5. ..... 6. .....

B. *Now say that your friends have already done each action. Then repeat the answer.*

Esempio Vengono adesso? *No, sono già venuti.*

1. ..... 2. ..... 3. ..... 4. .....

C. *Listen carefully to the example. Answer as suggested and then repeat the answer.*

Esempio Dove è la torta? La torta? *L'ho mangiata!*

1. ..... 2. ..... 3. ..... 4. ..... 5. ..... 6. .....

D. *Using* quando *or* dove *ask the question that would elicit each response. Then repeat the question.*

Esempio Gino è arrivato alle due. *Quando è arrivato?*

1. ..... 2. ..... 3. ..... 4. ..... 5. ..... 6. .....

E. *Following the example, say that each action has not yet been done. Then repeat the answer.*

Esempio Gli studenti hanno scritto gli esami?
No, non li hanno ancora scritti.

1. ..... 2. ..... 3. ..... 4. ..... 5. ..... 6. .....

F. *Answer each question, saying that Mario has done the action suggested. Then repeat the answer.*

Esempio Hai scritto la lettera? *No, l'ha scritta Mario!*

1. ..... 2. ..... 3. ..... 4. ..... 5. ..... 6. .....

G. *Change each noun phrase to the plural. Then repeat the answer.*

Esempio il libro rosso *i libri rossi*

1. ..... 2. ..... 3. ..... 4. ..... 5. .....

H. *Following the example, form an exclamatory sentence from each cue. Then repeat the answer.*

Esempio bei fiori *Che bei fiori!*

1. ..... 2. ..... 3. ..... 4. .....

I. *Repeat each date after the speaker.*

1. ..... 2. ..... 3. ..... 4. ..... 5. ..... 6. .....

7. ..... 8. ..... 9. ..... 10. ..... 11. .....

PART III

A. Pronuncia

Concentrating on the sounds represented by z *and* zz *say each word after the speaker and write it down in the space provided. Then listen to the speaker's response and repeat the word.*

1. ______________________ 5. ______________________

2. ______________________ 6. ______________________

3. ______________________ 7. ______________________

4. ______________________ 8. ______________________

NAME________________________________DATE______________CLASS_____________

B. Formazione delle frasi

Make a complete sentence out of each group of words below. Then repeat the response after the speaker.

Esempio ieri sera / venire / anche / direttore
Ieri sera è venuto anche il direttore.

1. ieri / Gianni / mangiare / frittata

....

2. li / comprare / ieri

....

3. signorina / arrivare / ieri

....

4. noi / uscire / presto / ieri

....

C. Coppie

After you hear the item from the left column, choose the month to which it refers from the right column. Then repeat the response after the speaker.

Esempio il mese dopo luglio *agosto*

1. il mese dopo maggio	a. maggio
2. il mese dopo ottobre	b. febbraio
3. il primo mese	c. gennaio
4. l'ultimo mese	d. dicembre
5. il mese dopo aprile	e. giugno
6. il mese con ventotto giorni	f. novembre

NAME________________________________DATE______________CLASS____________

8

PART I

A. Dialogo: Che bella giornata!

Listen to the complete dialog. Then listen again and repeat each sentence after the speaker, attempting to act out each part.

Oggi è domẹnica. È il cịnque aprile. È una bella giornata di primavera. Vanna è vicino alla porta, pronta a uscire di casa, e parla con sua sorella.

Vanna: Che bella giornata!
Marina: Fantạstica. È un peccato stare a casa.
Vanna: Davvero. Io, infatti, non resto a casa.
Marina: No? Dove vai?
Vanna: A fare una scampagnata con alcuni amici.
Marina: Quali amici?
Vanna: I miei sọliti amici, Gianni, Carlo, Adriana e Luisa.
Marina: Andate con la nostra mạcchina?
Vanna: No. Carlo porta la sua; è più grande. E poi lui guida bene. E tu che fai?
Marina: Sto quị, purtroppo. Il professọr Tucci ha dato un sacco di lavoro per domani.
Vanna: Che brutto scherzo! È domẹnica, è una splẹndida giornata. Oggi non è una giornata per studiare.
Marina: Pazienza!
Vanna: Hai visto i miei occhiali da sole?
Marina: No. Se non li trovi, ti do i miei.
Vanna: Grạzie. Li ho trovati. Ẹccoli, nella mia borsetta.
Marina: Oh, ecco papà e mamma.
Signọr Borghini: Noi stiamo per andare a fare due passi alle Cascine. Voi che fate?
Vanna: Io vado con alcuni amici.
Marina: Io, invece, resto a casa a studiare.
Signora Borghini: Mi dispiace. Desịderi qualche cosa?
Marina: No, grạzie.
Vanna: *(a Marina)* Ciao. Buọn divertimento!
Marina: Quanto sei spiritosa!

B. Domande

Answer in complete sentences.

Esempio Che giorno è oggi? *Oggi è domenica.*

1. Dove va Vanna?

....

2. Che cosa ha dato il professor Tucci per domani?

....

3. Dove stanno per andare il signor Borghini e la signora Borghini?

....

C. Vocabolario

Repeat each word or expression after the speaker. Then repeat the sentence that illustrates its meaning. Next, write out its meaning in English. Check your answers in the text.

1. la borsetta: I miei occhiali sono nella *borsetta*. ______________

2. il lavoro: Il professore ci ha dato un sacco di *lavoro*.

   ____

3. la macchina: La Fiat è una *macchina* italiana. ______________

4. gli occhiali da sole: Quando il sole è forte abbiamo bisogno degli *occhiali da sole*. ______________

5. la scampagnata: Ogni domenica la nostra famiglia fa una *scampagnata*.

   ____

6. lo scherzo: Che brutto *scherzo*! Oggi è domenica e abbiamo tanto lavoro da fare. ______________

7. guidare: Carlo *guida* molto bene. Ha una macchina grande.

   ____

8. portare: Carlo *porta* la sua macchina. ______________

NAME________________________________DATE______________CLASS____________

9. restare: Gli studenti *restano* a casa tutta la domenica per studiare. ____________________________

10. trovare: Dove sono i miei occhiali? Non li *trovo*. ____________

11. invece: *Invece* di studiare, preferisco fare una scampagnata. __________________

12. vicino: Domani facciamo due passi *vicino* alle Cascine. __________

PART II

A. *Listen to the cue and answer as suggested. Then repeat the answer.*

Esempio libro *È il suo libro.*

1. ..... 2. ..... 3. ..... 4. ..... 5. ..... 6. .....

B. *Listen to the cue and answer as suggested. Then repeat the answer.*

Esempio direttore *È il nostro direttore.*

1. ..... 2. ..... 3. ..... 4. ..... 5. ..... 6. .....

C. *Your friend says that he or she does not have certain things; so offer yours. Then repeat the answer.*

Esempio Non ho le dispense. *Ti do le mie.*

1. ..... 2. ..... 3. ..... 4. ..... 5. ..... 6. .....

D. *Use the possessive adjective in place of the proper noun. Then repeat the answer.*

Esempio la casa di Luisa *la sua casa*

1. ..... 2. ..... 3. ..... 4. ..... 5. ..... 6. .....

E. *Use the possessive adjective in place of the plural noun. Then repeat the answer.*

Esempio le cravatte dei fratelli *le loro cravatte*

1. ..... 2. ..... 3. ..... 4. .....

F. *Answer each question as in the example. Then repeat the answer.*

Esempio Scrivi qualche lettera? *No, scrivo tante lettere!*

1. ..... 2. ..... 3. ..... 4. ..... 5. ..... 6. .....

G. *Respond to each question by saying that you would like some of the item mentioned. Then repeat the request.*

Esempio Pane? *Sì, grazie, un po' di pane.*

1. ..... 2. ..... 3. ..... 4. ..... 5. ..... 6. .....

H. *Form a question using the appropriate form of* quanto. *Then repeat the question.*

Esempio Hanno qualche invitato. *Quanti invitati hanno?*

1. ..... 2. ..... 3. ..... 4. .....

I. *Someone says that he wants certain things. Ask him which. Then repeat the answer.*

Esempio Voglio il libro. *Quale libro?*

1. ..... 2. ..... 3. ..... 4. .....

PART III

A. Pronuncia

Concentrating on the sounds represented by s, sc, *and* sch, *say each word after the speaker and write it down in the space provided. Then listen to the speaker's response and repeat the word.*

1. ____________________________ 5. ____________________________

2. ____________________________ 6. ____________________________

3. ____________________________ 7. ____________________________

4. ____________________________ 8. ____________________________

B. Formazione delle frasi

Make a complete sentence out of each group of words below. Then repeat the response after the speaker.

Esempio mio / lavoro / essere / difficile
Il mio lavoro è difficile.

1. Giovanni / amare / suo / nonni

....

2. Maria / vedere / suo / zia

....

3. tuo / cravatta / essere / nuovo

....

4. loro / professore / essere / italiano

....

C. Coppie

After you hear the sentence from the left column, choose the question to which it corresponds from the right column. Then repeat the response after the speaker.

Esempio Costa cinquecento lire. *Quanto costa?*

1.	Voglio quelle scarpe.	a.	Quali sono i tuoi?
2.	Mangio tre pomodori.	b.	Qual è il tuo?
3.	Scrivo qualche lettera.	c.	Quante lettere scrivi?
4.	Questo è il mio.	d.	Quale borsa?
5.	Questi sono i miei.	e.	Quali vuoi?
6.	Voglio la borsa.	f.	Quanti pomodori mangi?

NAME________________________________DATE______________CLASS____________

PART I

A. Dialogo: La città dei canali

Listen to the complete dialog. Then listen again and repeat each sentence after the speaker, attempting to act out each part.

Due Americani, il signọr Wheaton e la signora Wheaton, sono andati in Itạlia per vedere quattro città: Venẹzia, Firenze, Roma e Nạpoli. Sono arrivati a Venẹzia ieri sera e in questo momento il signọr Wheaton entra in un'agenzia di viaggi.

Impiegato: Buona sera, desịdera?

Signọr Wheaton: Desịdero qualche informazione; desịdero fare un giro della città.

Impiegato: C'è un ọttimo giro turịstico domani. Comịncia alle nove di mattina e finisce alle quattro del pomerịggio.

Signọr Wheaton: Bene.

Impiegato: Comịncia da Piazza San Marco...

Signọr Wheaton: Un momento... ha una... come si dice... « map of Venice » ?

Impiegato: Una pianta di Venẹzia?

Signọr Wheaton: Precisamente.

Impiegato: *(Dà una pianta al signọr Wheaton.)* Ecco, se guarda sulla pianta vede quị Piazza San Marco. Il giro comịncia quị a piedi perchè facciamo prima una vịsita alla chiesa di San Marco e al Palazzo dei Dogi.

Signọr Wheaton: E il Campanile?

Impiegato: No, mi dispiace, il Campanile non è mai incluso in questo giro turịstico.

Signọr Wheaton: Scusi, cosa dice?

Impiegato: Dico, il Campanile non fa mai parte del giro. Poi con il vaporetto da Piazza San Marco andiamo all'ịsola di Murano. Lì visitiamo una vetreria e poi facciamo colazione. Dopo colazione, sempre in vaporetto, andiamo al Lido.

Signor Wheaton: Ah bene, bene.
Impiegato: Al Lido, se fa bel tempo, facciamo una passeggiata sulla spiaggia.
Signor Wheaton: E se fa cattivo tempo?
Impiegato: In estate non fa quasi mai cattivo tempo, però se piove o tira vento, il gruppo torna invece direttamente a Piazza della Stazione, e da lì a San Marco sul Canal Grande in vaporetto o in gondola.
Signor Wheaton: Molto bene.
Impiegato: Allora, desidera un biglietto?
Signor Wheaton: Due biglietti, per favore, perchè viene anche mia moglie.

B. Domande

Answer in complete sentences.

Esempio Chi sono il signor Wheaton e la signora Wheaton?
Il signor Wheaton e la signora Wheaton sono due americani.

1. Da dove comincia il giro turistico?

....

2. Come si dice "map of Venice"?

....

3. Dove vanno dopo colazione?

....

C. Vocabolario

Repeat each word or expression after the speaker. Then repeat the sentence that illustrates its meaning. Next, write out its meaning in English. Check your answers in the text.

1. il biglietto: Ho bisogno di due *biglietti* per il giro.

____

2. il campanile: Ogni chiesa ha un *campanile*. ______________

3. il giro: Il *giro* turistico comincia alle nove di mattina.

____

4. l'impiegato: L'*impiegato* vende due biglietti ai Wheaton.

____

5. l'isola: L'*isola* di Murano è famosa per le sue vetrerie.

____

6. la moglie: Viene anche la *moglie* del signor Wheaton al giro.

____

7. il pomeriggio: Il giro finisce alle quattro del *pomeriggio*.

____

8. la spiaggia: Al Lido fanno una passeggiata sulla *spiaggia*.

____

9. entrare: Il signor Wheaton *entra* in un'agenzia di viaggi.

____

10. tornare: I Wheaton *tornano* all'albergo stasera. ________________

11. poi: Prima vanno a Piazza San Marco, e *poi* al Palazzo dei Dogi.

____

12. quasi: È tardi; sono *quasi* le sei. ______________________________

PART II

A. *Answer in the negative, saying that each action has not yet been carried out. Then repeat the answer.*

Esempio Hanno scritto? *No, non hanno ancora scritto.*

1. ..... 2. ..... 3. ..... 4. ..... 5. ..... 6. .....

B. *Answer in the negative, saying that the person mentioned never does anything. Then repeat the answer.*

Esempio Carlo ha fatto una domanda? *No, non fa mai domande.*

1. ..... 2. ..... 3. ..... 4. .....

C. *Say emphatically that we all have not done any of the things mentioned. Then repeat the answer.*

Esempio Non abbiamo fatto molti errori.
Anzi, non abbiamo fatto nessun errore.

1. ..... 2. ..... 3. ..... 4. ..... 5. ..... 6. .....

D. *Answer each question, putting the two choices in the negative. Then repeat the answer.*

Esempio Mangi la carne o il pesce? *Non mangio nè la carne nè il pesce.*

1. ..... 2. ..... 3. ..... 4. .....

E. *Answer each question in the negative as in the example. Then repeat the answer.*

Esempio Cosa mangi? *Non mangio niente.*

1. ..... 2. ..... 3. ..... 4. ..... 5. ..... 6. .....

F. *Form a sentence as in the example. Then repeat the answer.*

Esempio Il signor Bianchi fa molte domande.
Ha fatto molte domande anche ieri.

1. ..... 2. ..... 3. ..... 4. .....

G. *Ask the question that would elicit each response. Then repeat the question.*

Esempio Fa bel tempo. *Che tempo fa?*

1. ..... 2. ..... 3. ..... 4. .....

NAME________________________________DATE____________CLASS__________

H. *Say that each of the following actions is still going on. Then repeat the answer.*

Esempio   Ieri ha nevicato.   *E nevica ancora.*

1. .....   2. .....   3. .....   4. .....

I. *Change each noun phrase to the singular. Then repeat the answer.*

Esempio   i libri nuovi   *il libro nuovo*

1. .....   2. .....   3. .....   4. .....   5. .....   6. .....

PART III

A. Dettato

Listen to each sentence and write it down in the space provided. Then repeat the sentence after the speaker.

1. ____

2. ____

3. ____

4. ____

B. Formazione delle frasi

Choose the appropriate noun for each space, saying the entire sentence. Then repeat the response after the speaker.

bagno, fotografie, domanda, viaggio

1. Lo studente fa una .... al professore.
2. Ogni mattina io faccio il ....
3. Mio padre ha fatto molte .... a mia sorella.
4. I signori Wheaton hanno fatto un .... in Italia.

C. Coppie

After you hear the phrase from the left column, choose the part that completes it from the right column, saying the whole sentence. Then repeat the response after the speaker.

Esempio In primavera *In primavera fa fresco.*

1. In estate	a. tuona.
2. In primavera	b. fa?
3. Quando fa freddo	c. vento.
4. Quando lampeggia	d. fa bel tempo.
5. Che tempo	e. fa molto caldo.
6. In autunno spesso tira	f. spesso nevica.

NAME______________________ DATE____________ CLASS__________

10

PART I

A. Dialogo: A Firenze

Listen to the complete dialog. Then listen again and repeat each sentence after the speaker, attempting to act out each part.

Ieri i signori Wheaton sono partiti da Venẹzia per andare a Firenze. Hanno affittato una Fiat e hanno fatto tutto il viạggio in mạcchina. A Firenze hanno trovato un albergo che gli piace molto, specialmente perchè la loro cạmera dà sull'Arno. Ora la signora Wheaton parla con il portiere perchè desịdera impostare alcune lẹttere.

Portiere: Buọn giorno, signora, ha già fatto colazione così presto?
Signora Wheaton: Sì, oggi abbiamo fatto colazione presto perchè stamani vogliamo visitare gli Uffizi, e nel pomerịggio il Duomo. Ma prima devo impostare queste lẹttere. Sa dov'è la posta?
Portiere: L'uffịcio postale è lontano, ma vẹndono francobolli anche quị all'ạngolo.
Signora Wheaton: Benịssimo! Sa se è già aperto il negọzio?
Portiere: Sì, sì, a quest'ora è già aperto.

Signora Wheaton: *(al commesso)* Dieci francobolli per posta aẹrea per gli Stati Uniti, per piacere.
Commesso: Per lẹttere o per cartoline?
Signora Wheaton: Per lẹttere. Che bei francobolli!
Commesso: Sono nuovi, Le piạcciono?
Signora Wheaton: Molto. Non ho spịccioli. Va bene se Le do cinquemila lire?
Commesso: Sì, certo! Ecco il resto. ArrivederLa, signora.

Portiere: È ritornata presto, signora. È vero che a quest'ora non c'è quasi nessuno nei negozi. Oh, ecco Suo marito. Buọn giorno, Signọr Wheaton.

Signọr Wheaton: Buọn giorno.
Portiere: Allora, signori, gli piace Firenze?
Signọr Wheaton: Non lo sappiamo ancora. Non la conosciamo affatto.
Portiere: Se desịderano vedere il panorama di tutta la città, gli consịglio di andare a Piazzale Michelạngelo.
Signọr Wheaton: Grạzie.

B. Domande

Answer in complete sentences.

Esempio Da dove sono partiti i signori Wheaton?
I signori Wheaton sono partiti da Venezia.

1. Perchè hanno fatto colazione presto oggi i Wheaton?

....

2. Quanti francobolli compra la signora Wheaton?

....

3. Da dove vedono il panorama di tutta la città?

....

C. Vocabolario

Repeat each word or expression after the speaker. Then repeat the sentence that illustrates its meaning. Next, write out its meaning in English. Check your answers in the text.

1. l'albergo: I Wheaton hanno trovato un *albergo* che piace loro molto.

   ____

2. l'angolo: Il negozio si trova all'*angolo*. ______________

3. la cartolina: Ho bisogno di due francobolli per questa *cartolina*.

   ____

4. il commesso: Il *commesso* vende cartoline e francobolli.

   ____

5. la lettera: Prima devo impostare queste *lettere* per gli Stati Uniti.

____

6. l'ufficio postale: Compriamo i francobolli all'*ufficio postale*.

____

7. il resto: Il commesso dà il *resto* alla signora Wheaton in spiccioli.

____

8. aperto: I negozi non sono *aperti* nel pomeriggio. _______________

9. affittare: Abbiamo *affittato* un bell'appartamento che dà sull'Arno.

____

10. lontano: Abitiamo *lontano* dal centro. _______________

PART II

A. *Answer in the affirmative using an indirect object pronoun. Then repeat the answer.*

Esempio Parli a Mario? *Sì, gli parlo.*

1. ..... 2. ..... 3. ..... 4. ..... 5. ..... 6. .....

B. *Say that your friend and you have already done each of the following things. Use indirect object pronouns. Then repeat the answer.*

Esempio Scrivete a Mario? *No, gli abbiamo già scritto.*

1. ..... 2. ..... 3. ..... 4. .....

C. *Following the example, answer in the negative using an indirect object pronoun. Then repeat the answer.*

Esempio Compri il libro a Maria? *No, non le compro niente.*

1. ..... 2. ..... 3. ..... 4. ..... 5. ..... 6. .....

7. ..... 8. .....

D. *Answer in the affirmatiee using the appropriate indirect object pronoun. Then repeat the answer.*

Esempio A Mario piace questa scultura? *Sì, gli piace!*

1. ..... 2. ..... 3. ..... 4. ..... 5. ..... 6. .....

E. *Answer affirmatively as in the example. Then repeat the answer.*

Esempio Vi piace guardare la TV? *Sì, ci piace guardarla.*

1. ..... 2. ..... 3. ..... 4. ..... 5. ..... 6. .....

F. *Answer in the affirmative saying that you really liked the following things. Then repeat the answer.*

Esempio Hai visto il film? *Sì, e mi è piaciuto tanto!*

1. ..... 2. ..... 3. ..... 4. ..... 5. ..... 6. .....

7. ..... 8. .....

G. *Answer in the negative. Then repeat the answer.*

Esempio Sai quando arrivano? *No, non so quando arrivano.*

1. ..... 2. ..... 3. ..... 4. ..... 5. ..... 6. .....

H. *Answer affirmatively as in the example. Then repeat the answer.*

Esempio Sanno che ora è? *Sì, lo sanno.*

1. ..... 2. ..... 3. ..... 4. .....

I. *Change each sentence to the plural. Then repeat the answer.*

Esempio Ho visto quella bella ragazza.
Abbiamo visto quelle belle ragazze.

1. ..... 2. ..... 3. ..... 4. ..... 5. ..... 6. .....

NAME________________________________DATE______________CLASS____________

A. Dettato

PART III

Listen to each sentence and write it down in the space provided. Then repeat the sentence after the speaker.

1. ____

2. ____

3. ____

4. ____

B. Formazione delle frasi

Choose the appropriate word for each space, saying the entire sentence. Then repeat the response after the speaker.

le, vi, gli, ti

1. La ragazza mi ha parlato, ma io non .... ho parlato.

2. Tu mi hai scritto due cartoline, ma io non .... ho scritto niente.

3. Lo studente mi ha telefonato, ma io non .... ho telefonato.

4. Voi mi avete telefonato, ma io non .... ho telefonato.

C. Coppie

After you hear the sentence from the left column, choose the question to which it corresponds from the right column. Then repeat the response after the speaker.

Esempio Sì, mi piacciono. *Ti piacciono questi?*

1. Sì, ti piacciono.	a. Piaci a Luisa?
2. Sì, mi piace.	b. Mi piacciono questi?
3. Sì, le piaccio.	c. Vi piace questo?
4. Sì, gli piaccio.	d. Vi piacciono questi?
5. Sì, ci piacciono.	e. Piaci al professore?
6. Sì, ci piace.	f. Ti piace questo?

NAME______________________________ DATE______________ CLASS____________

11

PART I

A. Dialogo: La città eterna

Listen to the complete dialog. Then listen again and repeat each sentence after the speaker, attempting to act out each part.

I signori Wheaton sono a Roma. Stamani si sono svegliati molto presto; si sono vestiti alla svelta e sono usciti. Ora sono le dieci, e dopo una visita al Colosseo, dove hanno fatto molte fotografie, sono a una fermata dell'autobus e parlano con un vigile.

Signor Wheaton: Scusi, passa di qui l'autobus per Piazza San Pietro?
Vigile: Sì, è il numero trentuno. Vanno a visitare il Vaticano?
Signora Wheaton: Sì, desideriamo vedere la Basilica di San Pietro e specialmente gli affreschi di Michelangelo nella Cappella Sistina.
Vigile: Vale proprio la pena. Sono opere magnifiche.
Signor Wheaton: Ma quando arriva l'autobus? È in ritardo?
Vigile: No, non è affatto in ritardo. Il numero trentuno passa alle dieci e mezzo, fra sette minuti.
Signora Wheaton: Allora mi siedo e mi riposo un po'. *(Si siede sulla panchina della fermata dell'autobus.)*
Signor Wheaton: È lontano Piazza San Pietro?
Vigile: Eh sì, è un po' lontano. Ma con l'autobus bastano dieci minuti.
Signor Wheaton: Ah, ecco l'autobus!
Vigile: Sì, è proprio il trentuno. Buon giorno e buon divertimento.
Signori Wheaton: Grazie. Buon giorno.

B. Domande

Answer in complete sentences.

Esempio Dove sono i signori Wheaton? *I signori Wheaton sono a Roma.*

1. Che numero ha l'autobus per Piazza San Pietro?

   ....

2. A che ora passa l'autobus?

   ....

3. Quanti minuti bastano per andare a Piazza San Pietro con l'autobus?

   ....

C. Vocabolario

Repeat each word or expression after the speaker. Then repeat the sentence that illustrates its meaning. Next, write out its meaning in English. Check your answers in the text.

1. l'affresco: Gli *affreschi* di Michelangelo sono mangnifici.

   ____

2. la fermata: La *fermata* dell'autobus non è lontana. ______________

3. la panchina: La signora Wheaton si siede sulla *panchina* della fermata dell'autobus. ______________________

4. il vigile: Il *vigile* indica ai signori Wheaton dove si trova la fermata. __________________

5. eterno: Roma è la città *eterna*. __________________________

6. bastare: *Bastano* dieci minuti per andare a Piazza San Pietro.

   ____

7. riposarsi: La signora Wheaton *si riposa* su una panchina.

   ____

8. svegliarsi: I signori Wheaton *si sono svegliati* molto presto.

____

9. vestirsi: I signori Wheaton *si sono vestiti* alla svelta.

____

10. vale proprio la pena: *Vale proprio la pena* vedere la Cappella Sistina? ______________________________

PART II

A. *Rephrase each sentence as in the example. Then repeat the answer.*

Esempio Mi lavo. *Anche lui si lava.*

1. ..... 2. ..... 3. ..... 4. ..... 5. .....

B. *Answer each question affirmatively as in the example. Then repeat the answer.*

Esempio Ti alzi sempre presto? *Sì, mi alzo sempre presto.*

1. ..... 2. ..... 3. ..... 4. .....

C. *Answer in the negative using the* passato prossimo. *Then repeat the answer.*

Esempio Si incontrano spesso? *No, non si sono mai incontrati.*

1. ..... 2. ..... 3. ..... 4. .....

D. *Answer in the negative as in the example. Then repeat the answer.*

Esempio Ci alziamo, e voi? *No, noi non ci alziamo.*

1. ..... 2. ..... 3. ..... 4. .....

E. *Answer each question, saying that Carla has already done what is mentioned. Then repeat the answer.*

Esempio   Io mi vesto, e Carla?   *Si è già vestita.*

1. .....   2. .....   3. .....   4. .....

F. *Say, as in the example, that it's worthwhile to do each of the following things. Then repeat the answer.*

Esempio   Hai letto il libro?   *Sì, vale proprio la pena leggerlo.*

1. .....   2. .....   3. .....   4. .....   5. .....   6. .....

G. *Say that only one of the things mentioned is enough. Then repeat the answer.*

Esempio   Bastano due dollari.   *Anzi, basta un dollaro.*

1. .....   2. .....   3. .....   4. .....

H. *Change each sentence to the plural. Then repeat the answer.*

Esempio   Il libro nuovo è lungo.   *I libri nuovi sono lunghi.*

1. .....   2. .....   3. .....   4. .....   5. .....   6. .....

PART III

A. Dettato

Listen to each sentence and write it down in the space provided. Then repeat the sentence after the speaker.

1. ______________________________

2. ______________________________

3. ______________________________

4. ______________________________

NAME________________________________DATE________________CLASS_____________

B. Formazione delle frasi

Choose the appropriate word for each space, saying the entire sentence. Then repeat the response after the speaker.

divertiti, si, sono, invitarti

1. Carlo .... alza presto la mattina.
2. Noi non ci siamo .... a Roma.
3. Si .... visti la settimana scorsa.
4. Ti scrivo per ....

C. Coppie

After you hear the word from the left column, choose its opposite from the right column. Then repeat the response after the speaker.

Esempio bello *brutto*

1. caldo	a. tanto
2. notte	b. niente
3. primo	c. partire
4. arrivare	d. vecchio
5. tutto	e. freddo
6. poco	f. giorno
7. giovane	g. ultimo

NAME______________________________ DATE______________ CLASS____________

12

PART I

A. Dialogo: A Napoli

Listen to the complete dialog. Then listen again and repeat each sentence after the speaker, attempting to act out each part.

Tre giorni fa i signori Wheaton sono arrivati a Napoli in treno. Ieri l'altro hanno visitato Amalfi e Capri, e ieri sono andati a Pompei. Per oggi hanno in programma diverse cose interessanti. Prima faranno una passeggiata in tassì lungo il mare, poi ceneranno ad un noto ristorante vicino al porto, e più tardi andranno a ballare in una discoteca al centro. In questo momento stanno per salire in un tassì.

Tassista: Sono pronti? Andiamo?
Signora Wheaton: Sì, andiamo.
Tassista: Bene. Dunque, ora passiamo davanti al Teatro San Carlo... Là, a destra, c'è il Palazzo Reale. Fra pochi minuti saremo a Santa Lucia.
Signor Wheaton: È la Santa Lucia della famosa canzone?
Tassista: Sì, una delle antiche canzoni napoletane. Eccoci a Santa Lucia. Scendono un momento? C'è una veduta bellissima. Ecco, là c'è il Vesuvio, e quell'isola azzurra è Capri.
Signora Wheaton: Sì, è una veduta meravigliosa; e che bella giornata!
Tassista: Qui a Napoli ogni giorno è una bella giornata.
Signor Wheaton: Lei ci prende in giro.
Tassista: No, no, Le pare. È la verità. A Napoli c'è sempre il sole.
Signor Wheaton: Sarà, ma non ci credo.
Tassista: Be', non tutti i giorni, ma quasi ogni giorno. Scherzi a parte, Napoli ha veramente un clima eccellente... Perchè non fanno un paio di fotografie?
Signor Wheaton: Perchè ho dimenticato di comprare un rollino.
Tassista: Peccato davvero!

B. Domande

Answer in complete sentences.

Esempio Quando sono arrivati a Napoli i Wheaton?
I Wheaton sono arrivati a Napoli tre giorni fa.

1. Che cosa c'è a Santa Lucia?

....

2. Com'è la giornata?

....

3. Che cosa c'è sempre a Napoli?

....

C. Vocabolario

Repeat each word or expression after the speaker. Then repeat the sentence that illustrates its meaning. Next, write out its meaning in English. Check your answers in the text.

1. la canzone: "Santa Lucia" è una famosa *canzone* napoletana.

____

2. il clima: Napoli ha un *clima* eccellente. _______________

3. la discoteca: I Wheaton andranno a ballare in una *discoteca*.

____

4. la fotografia: I Wheaton fanno un paio di *fotografie*.

____

5. il mare: I Wheaton fanno una passeggiata lungo il *mare*.

____

6. il rollino: Il signor Wheaton ha dimenticato il *rollino* per le fotografie. _______________

7. la verità: Gli studenti bravi dicono sempre la *verità*.

____

8. antico: Le *antiche* canzoni napoletane sono bellissime.

____

9. azzurro: Il mare è sempre *azzurro*. ____________________________

10. noto: I Wheaton andranno a un *noto* ristorante. ________________

11. cenare: Ogni sera io *ceno* alle sei e mezzo. ___________________

12. dimenticare: Il signor Wheaton *ha dimenticato* di comprare un rollino. ____

13. salire: I Wheaton *sono saliti* in un tassì. ____________________

14. scendere: *Scendono* dal tassì per vedere il Vesuvio. __________

15. avere in programma: Per oggi *hanno* diverse cose *in programma*.

____

PART II

A. *Answer each question as in the example. Then repeat the answer.*

Esempio Luisa arriva oggi? *No, arriverà domani.*

1. ..... 2. ..... 3. ..... 4. .....

B. *Answer each question by saying that you will do what is suggested tomorrow. Then repeat the answer.*

Esempio Gli scrivi oggi? *No, gli scriverò domani.*

1. ..... 2. ..... 3. ..... 4. .....

C. *Answer each question as in the example. Then repeat the answer.*

Esempio Arrivano oggi? *No, arriveranno domenica.*

1. ..... 2. ..... 3. ..... 4. .....

D. *Answer each question as in the example. Then repeat the answer.*

Esempio Carlo parla oggi? *No, parlerà domani sera.*

1. ..... 2. ..... 3. ..... 4. .....

E. *Using the appropriate object pronoun, say that you have already done what is mentioned. Then repeat the answer.*

Esempio Pagherai il conto? *No, l'ho già pagato.*

1. ..... 2. ..... 3. ..... 4. .....

F. *Answer each question by saying that your friends will soon perform each of the following actions. Then repeat the answer.*

Esempio Sono già partiti? *No, ma partiranno presto.*

1. ..... 2. ..... e. ..... 4. .....

G. *Answer each question according to the example. Then repeat the answer.*

Esempio Avete scritto la lettera? *No, ma la scriveremo domani pomeriggio.*

1. ..... 2. ..... 3. ..... 4. ..... 5. ..... 6. .....

H. *Use the second alternative to answer each question. Then repeat the answer.*

Esempio Paga lei o paga lui? *Non so... pagherà lui.*

1. ..... 2. ..... 3. ..... 4. ..... 5. ..... 6. .....

I. *Change each noun phrase to the plural. Then repeat the answer.*

Esempio Ci hanno regalato un libro caro.
Ci hanno regalato dei libri cari.

1. ..... 2. ..... 3. ..... 4. ..... 5. ..... 6. .....

7. .....

NAME______________________________ DATE______________ CLASS__________

PART III

A. Dettato

Listen to each sentence and write it down in the space provided. Then repeat the sentence after the speaker.

1. ____

2. ____

3. ____

4. ____

B. Formazione delle frasi

Choose the appropriate verb for each space, saying the entire sentence. Then repeat the response after the speaker.

saranno, mangia, mangerà, ha mangiato

1. Ieri Giovanni .... il pesce.

2. Oggi Giovanni .... la carne.

3. Domani Giovanni .... la frutta.

4. .... le dieci e mezzo.

C. Coppie

After you hear the question from the left column, choose the appropriate answer from the right column. Repeat the response after the speaker.

Esempio Quando lo farete? *Lo faremo domani.*

1. Quando andremo all'aeroporto?
2. Quando verrai?
3. Che ore saranno?
4. Dove andrete stasera?
5. Che cosa farete domani?
6. Che cosa faranno stasera?

a. Saranno le tre.
b. Verrò domani.
c. Andrete alle sei.
d. Domani studieremo.
e. Andranno al ristorante.
f. Andremo al cinema.

NAME________________ DATE________ CLASS________

13

PART I

A. Dialogo: Andiamo al cinema?

Listen to the complete dialog. Then listen again and repeat each sentence after the speaker, attempting to act out each part.

Anche se, come in molti paesi del mondo, oggi in Italia generalmente tutti hanno un televisore in casa, il cinema continua a essere popolare e ad attirare molte persone. In questi giorni è in visione un film di un giovane regista che ha avuto molto successo, non solo in Italia, ma particolarmente negli Stati Uniti dove ha vinto un Oscar.
Adriana e una sua amica, Lidia, fanno la coda al botteghino del cinema.

Adriana: Quanto tempo è che non ci vediamo?
Lidia: Almeno due mesi. Non ho avuto un momento libero. Sai che stai molto bene?
Adriana: Anche tu stai bene.
Lidia: Senti, sei sicura che questo sarà un bel film?
Adriana: Tutti dicono che è un film stupendo.
Lidia: È un giallo?
Adriana: No, no. È un film storico del Risorgimento, verso il 1848.
Lidia: Io di solito preferisco i film che affrontano la politica, l'energia, oppure l'inquinamento dell'ambiente.
Adriana: Ma sei ancora appassionata dei film di Antonioni e di Visconti, no?
Lidia: Sì, e tu dei film dell' *underground* americano e di quelli di fantascienza.
Adriana: È vero, ma non mi entusiasmo più facilmente; i miei gusti sono cambiati.
Lidia: Eccoci allo sportello.
La ragazza del botteghino: Quanti biglietti vogliono?
Lidia: Due.
Adriana: Dove ci sediamo?

Lidia: Dove vuoi tu.

Adriana: Allora, nelle prime file perchè ho dimenticato gli occhiali a casa.

Lidia: Troveremo posto perchè molte persone escono in questo momento.

B. Domande

Answer in complete sentences.

Esempio Che cosa hanno tutti in Italia?
Tutti in Italia hanno un televisore.

1. Che cosa dicono tutti?

....

2. È un giallo il film?

....

3. Dove si siedono Lidia e Adriana?

....

C. Vocabolario

Repeat each word or expression after the speaker. Then repeat the sentence that illustrates its meaning. Next, write out its meaning in English. Check your answers in the text.

1. l'ambiente: L'inquinamento dell'*ambiente* è un problema serio.

____

2. il botteghino: Le due amiche fanno la coda al *botteghino*

____

3. il cinema: Abbiamo visto tanti bei film al *cinema*. ______________

4. la fantascienza: Preferisco i film di *fantascienza*. ______________

5. la fila: Quando vado al cinema mi siedo sempre in prima *fila*.

____

6. il giallo: I film di Alfred Hitchcock sono dei *gialli*.

____

7. il regista: Antonioni è un *regista* famoso. ________

8. lo sportello: I biglietti sono allo *sportello* del cinema.

____

9. appasionato: Il mio amico è *appassionato* di film. ________

10. sicuro: Sono *sicuro* che il film è storico. ________

11. affrontare: Io mi entusiasmo dei film che *affrontano* la politica.

____

12. attirare: Il cinema continua ad *attirare* molte persone.

____

13. almeno: Sono *almeno* due mesi che non si vedono. ________

14. in visione: È *in visione* un film di Fellini. ________

PART II

A. *Multiply each quantity by three. Then repeat the answer.*

Esempio uno studente d'italiano *tre studenti d'italiano*

1. ..... 2. ..... 3. ..... 4. .....

B. *Answer as in the example, reducing each quantity to a thousand or a million as the case may be. Then repeat the answer.*

Esempio Costa due mila lire al metro?
No, costerà solo mille lire al metro.

1. ..... 2. ..... 3. ..... 4. .....

C. *Translate each date and repeat after the speaker.*

Esempio August 3, 1954 *il tre agosto millenovecentocinquantaquattro*

1. ..... 2. ..... 3. ..... 4. .....

D. *Say what date it will be tomorrow according to the example. Then repeat the answer.*

Esempio Oggi è il due. *Domani sarà il tre.*

1. ..... 2. ..... 3. ..... 4. ..... 5. ..... 6. .....

E. *Answer each question as in the example. Then repeat the answer.*

Esempio Ha comprato la cravatta verde? *No, ma vuole comprarla.*

1. ..... 2. ..... 3. ..... 4. ..... 5. ..... 6. .....

F. *Answer in the negative. Then repeat the answer.*

Esempio Canti la canzone napoletana? *No, non la voglio cantare.*

1. ..... 2. ..... 3. ..... 4. .....

G. *Give the adverbial form of each adjective. Then repeat the answer*

Esempio chiaro *chiaramente*

1. ..... 2. ..... 3. ..... 4. ..... 5. ..... 6. .....

H. *Restate each sentence as in the example. Then repeat the answer.*

Esempio Francesco impara lentamente.
Loro, invece, non imparano lentamente.

1. ..... 2. ..... 3. ..... 4. .....

I. *Change each noun phrase to the plural. Then repeat the answer.*

Esempio Comprerò il libro famoso. *Comprerò i libri famosi.*

1. ..... 2. ..... 3. ..... 4. ..... 5. ..... 6. .....

7. .....

NAME______________________________ DATE______________ CLASS____________

PART III

A. Detatto

Listen to each sentence and write it down in the space provided. Then repeat the sentence after the speaker.

1. ____

2. ____

3. ____

4. ____

B. Formazione delle frasi

Choose the appropriate word for each space, saying the entire sentence. Then repeat the response after the speaker.

almeno, appassionato, che, visione

1. Mio fratello è .... dei film di Felini.
2. Sono .... due mesi che non ci vediamo.
3. In questi giorni è in .... un film di Antonioni.
4. Quanto tempo è .... non ci vediamo?

C. Coppie

After you hear the item from the left column, choose the appropriate answer from the right column. Then repeat the response after the speaker.

Esempio 100 + 400 *500*

1. 100 + 600	a. 1983
2. il numero dopo 999.999	b. mille
3. il numero dopo 999	c. 700
4. l'anno prima del 1492	d. un milione
5. l'anno dopo il 1982	e. un miliardo
6. mille milioni	f. 1491

NAME________________________ DATE______________ CLASS____________

14

PART I

A. Dialogo: "Pista!"

Listen to the complete dialog. Then listen again and repeat each sentence after the speaker, attempting to act out each part.

Ieri, così, all'improvviso Gianni e Franco hanno deciso di andare a sciare all'Abetone. Ẹrano le sette di mattina quando sono partiti da Firenze, e alle nove ẹrano già sulla sciovia per passare una piacẹvole giornata sui campi di sci. Dopo l'ụltima discesa, mentre si levạvano gli stivali, parlạvano e si riscaldạvano davanti a un allegro fuoco nel caminetto dell'albergo.

Gianni: Abbiamo smesso presto; eri stanco?
Franco: No, ma avevo fame.
Gianni: C'era troppa gente sulle piste, non credi?
Franco: Sì, era quasi diffịcile sciare.
Gianni: E la sciovia non funzionava troppo bene.
Franco: Già, infatti quando siamo venuti via non funzionava affatto.
Gianni: Non importa. Io mi sono veramente divertito. Lo sci è il mio sport preferito.
Franco: A propọsito; dove hai imparato a sciare così bene?
Gianni: Vicino a casa mia, in montagna. Quando ero pịccolo mio padre mi portava a sciare tutti gli inverni.
Franco: Ora capisco; non lo sapevo.
Gianni: Mio padre era un ọttimo maestro.
Franco: E tu, evidentemente eri un ọttimo studente.
Gianni: Ti ringrạzio del complimento... e ti offro una birra.
Franco: Bravo. Se non l'offrivi tu, l'offrivo io!

Più tardi...

Franco: Be', torniamo a Firenze?
Gianni: Io sono pronto.
Franco: Benịssimo, ma prima facciamo il pieno di benzina quị alla stazione di servịzio.

B. Domande

Answer in complete sentences.

Esempio Dove hanno deciso di andare Gianni e Franco?
Gianni e Franco hanno deciso di andare a sciare all'Abetone.

1. Che cosa non funzionava tanto bene?

....

2. Qual è lo sport perferito di Gianni?

....

3. Che cosa offre Gianni a Franco?

....

C. Vocabolario

Repeat each word or expression after the speaker. Then repeat the sentence that illustrates its meaning. Next, write out its meaning in English. Check your answers in the text.

1. la birra: La *birra* è buona quando è fresca. ____________________
2. la discesa: L'ultima *discesa* della pista è molto difficile. ________________
3. il fuoco: Il *fuoco* del caminetto è allegro. ____________________
4. la montagna: Vado a sciare in *montagna*. ____________________
5. lo sci: Lo *sci* è lo sport preferito di mia sorella. ____________
6. la sciovia: I due ragazzi hanno preso la *sciovia* per andare sulla pista. ________________
7. lo stivale: D'inverno abbiamo bisogno degli *stivali* per camminare sulla neve. ____________________
8. la stazione di servizio: Facciamo il pieno di benzina alla *stazione di servizio.* ______________

9. piacevole: È una giornata *piacevole.* ____________________

10. piccolo: Quando mia sorella era *piccola*, andava sempre in montagna.

____

11. stanco: Dopo una lunga giornata di lavoro, siamo sempre *stanchi.*

____

12. capire: Non *capisco* il tedesco. ____________________

13. imparare: Quest'anno voglio *imparare* l'italiano bene. __________

14. levarsi: Quando vado a dormire, *mi levo* le scarpe! __________

15. ringraziare: Ti *ringrazio* del complimento. ____________________

16. riscaldarsi: Gli studenti *si riscaldano* davanti al fuoco.

____

17. a proposito: *A proposito*, che ore sono? ____________________

18. non importa: La sciovia non funziona, ma *non importa.*

____

PART II

A. *Answer each question, saying that you, too, used to do each of the following. Then repeat the answer.*

Esempio Mario studiava tanto, e tu? *Anch'io studiavo tanto.*

1. ..... 2. ..... 3. ..... 4. .....

B. *Answer each question as in the example. Then repeat the answer.*

Esempio Voi conoscevate tutti, e lei? *Anche lei conosceva tutti.*

1. ..... 2. ..... 3. ..... 4. .....

C. *Answer each question as in the example. Then repeat the answer.*

Esempio Maria studiava l'italiano, e loro?
Anche loro studiavano l'italiano.

1. ..... 2. ..... 3. ..... 4. .....

D. *Say that the action mentioned was repeated a lot in the past. Then repeat the answer.*

Esempio Non studia più a casa. *Ma studiava tanto a casa.*

1. ..... 2. ..... 3. ..... 4. ..... 5. ..... 6. .....

E. *Respond to each question as in the example. Then repeat the answer.*

Esempio Hanno telefonato? *No, ma una volta telefonavano sempre.*

1. ..... 2. ..... 3. ..... 4. .....

F. *Form a complete sentence by adding the cue to* Quando è entrato. *Then repeat the answer.*

Esempio mangiavano *Quando è entrato, mangiavano.*

1. ..... 2. ..... 3. ..... 4. .....

G. *Answer in the negative as in the example. Then repeat the answer.*

Esempio Dina aveva tanta fame? *No, non aveva tanta fame.*

1. ..... 2. ..... 3. ..... 4. .....

H. *Use the second alternative to answer each question. Then repeat the answer.*

Esempio Scrivevi la lettera o guardavi la televisione quando ti ho telefonato? *Guardavo la televisione.*

1. ..... 2. ..... 3. ..... 4. .....

I. *Form the plural of each noun phrase. Then repeat the answer.*

Esempio Ecco la stazione di servizio. *Ecco le stazioni di servizio.*

1. ..... 2. ..... 3. ..... 4. ..... 5. .....

NAME________________________________DATE________________CLASS____________

PART III

A. Dettato

Listen to each sentence and write it down in the space provided. Then repeat the sentence after the speaker.

1. ____

2. ____

3. ____

4. ____

B. Formazione delle frasi

Make a complete sentence out of each group of words below. Then repeat the response after the speaker.

Esempio ragazzo / mangiare/ pizza / ieri
Il ragazzo ha mangiato la pizza ieri.

1. tutte le mattine / Maria / arrivare / a / otto

....

2. ieri / Maria / arrivare / a / sette

....

3. le due amiche / bere / una Coca-Cola / dieci minuti fa

....

4. le due amiche / bere / sempre / una Coca-Cola / quando / avere sete

....

C. Coppie

After you hear the word from the left column, choose the word from the right column to which it corresponds. Then repeat the response after the speaker.

Esempio facile *facilmente*

1. evidente	a. allegramente
2. sempre	b. raramente
3. piacevole	c. difficilmente
4. quasi mai	d. evidentemente
5. allegro	e. piacevolmente
6. non facilmente	f. regolarmente

NAME______________________ DATE______________ CLASS____________

15

PART I

A. Dialogo: A un bar

Listen to the complete dialog. Then listen again and repeat each sentence after the speaker, attempting to act out each part.

Gl'Italiani vanno al bar o al caffè per cento ragioni: per appuntamenti, per fare due chiạcchiere con gli amici, per scrịvere lẹttere, per lẹggere il giornale e, naturalmente, per prẹndere l'espresso, il cappuccino, un gelato o l'aperitivo.

Adriana entra in un bar con Bob, un Ịtalo-Americano che stụdia all'università per stranieri da sei mesi e con cui Adriana fa prạtica d'inglese da poche settimane.

Cameriere: Preferịscono sedersi fuori?
Bob: Come « fuori »? Non vede che piove?
Cameriere: Scherzavo. È già una settimana che piove. Va bene questo tạvolo in un ạngolo?
Adriana: Sì.
Cameriere: Che prẹndono, un gelato?
Adriana: Veramente Le piace scherzare. Con questo freddo? Io, un caffè ristretto.
Bob: E io un cappuccino bollente.
Cameriere: Benịssimo, signori.
Adriana: Allora che facciamo stasera? Vuoi andare a ballare?
Bob: Stasera non posso, devo studiare.
Adriana: Studierai un'altra volta. Stasera vieni a ballare.
Bob: Se prọprio ci tieni. Dove?
Adriana: A casa di Anna, una mia cugina. Ti ricordi... la ragazza con cui abbiamo giocato a tennis la settimana scorsa.
Bob: Sì, sì, mi ricordo. Una simpạtica ragazza, bella anche, che aveva una splẹndida mạcchina fotogrạfica.
Adriana: Precisamente. Allora, vieni?
Bob: Come posso rifiutare un tale invito!
Cameriere: È quello che dico anch'io! Prego, signori: ecco il tè per la signorina e il cappuccino freddo per il signore.
Adriana: Ma Lei scherza sempre?
Cameriere: No, soltanto quando piove.

B. Domande

Answer in complete sentences.

Esempio Dove vanno gl'Italiani per cento ragioni?
Gl'Italiani vanno al bar o al caffé per cento ragioni.

1. Quanto tempo è che piove?

....

2. Che cosa prende Bob?

....

3. Dove vanno a ballare, Bob e Adriana?

....

C. Vocabolario

Repeat the word or expression after the speaker. Then repeat the sentence that illustrates its meaning. Next, write out its meaning in English. Check your answers in the text.

1. l'aperitivo: Prima di mangiare, prendo sempre un *aperitivo*.

____

2. il bar: Gl'Italiani vanno spesso al *bar* per prendere il caffè.

____

3. il cameriere: Il *cameriere* porta il tè per la signorina.

____

4. il gelato: Il *gelato* è buono d'estate. ______________

5. il giornale: Ogni giorno leggo il *giornale*. ______________

6. la macchina fotografica: Faccio le fotografie con la *macchina fotografica*. ______________

7. lo straniero: Quello *straniero* parla molto bene. ______________

8. la volta: Ogni *volta* che vado in Italia, non voglio più ritornare a casa. ______________

9. bollente: Il cappuccino è buono quando è *bollente*. __________

10. ristretto: Il caffè *ristretto* è troppo forte. __________

11. scorso: I miei genitori sono andati in Italia l'anno *scorso*.

____

12 simpatico: La professoressa d'italiano è molto *simpatica*.

____

13. giocare: Ogni estate io *gioco* a tennis. __________

14. ricordarsi: Non *mi ricordo* mai di fare i compiti. __________

15. fare due chiacchiere: Mi piace *fare due chiacchiere* con un amico.

____

PART II

A. *Using the appropriate relative pronoun, form a new sentence saying that the item mentioned is yours. Then repeat the answer.*

Esempio Mario ha il quaderno. *Il quaderno che ha è mio.*

1. ..... 2. ..... 3. ..... 4. .....

B. *Using the appropriate relative pronoun, form a new sentence saying that the person or persons mentioned are his friends. Then repeat the answer.*

Esempio Telefono alla signora. *La signora a cui telefono è la sua amica.*

1. ..... 2. ..... 3. ..... 4. .....

C. *Using the appropriate relative pronoun, ask the name of the person mentioned in the cue. Then repeat the question.*

Esempio Abbiamo incontrato il professore
Come si chiama il professore che avete incontrato?

1. ..... 2. ..... 3. ..... 4. .....

D. *Form a complete sentence by adding the cue to the phrase* Ti dico. *Then repeat the answer.*

Esempio quello che so *Ti dico quello che so.*

1. ..... 2. ..... 3. ..... 4. .....

E. *Answer each question saying that you have been doing each thing for a year. Then repeat the answer.*

Esempio Da quando studi l'italiano? *Lo studio da un anno.*

1. ..... 2. ..... 3. ..... 4. .....

F. *Confirm what is said as in the example. Then repeat the answer.*

Esempio Non ti scrivo da un anno. *Sì, è un anno che non mi scrivi.*

1. ..... 2. ..... 3. ..... 4. .....

G. *Your friend makes a statement, and you rephrase it, emphasizing the length of time he or she didn't do the thing mentioned. Then repeat the answer.*

Esempio A quel tempo, non ti scrivevo da un anno.
Sì, era un anno che non mi scrivevi.

1. ..... 2. ..... 3. ..... 4. .....

H. *Answer affirmatively, saying that you have to do the thing mentioned. Then repeat the answer.*

Esempio Mangi la frutta? *Sì, la devo mangiare.*

1. ..... 2. ..... 3. ..... 4. .....

I. *Following the example, answer each question in the negative. Then repeat the answer.*

Esempio Mangia? *No, non può mangiare.*

1. ..... 2. ..... 3. ..... 4. ..... 5. ..... 6. .....

NAME________________________________DATE____________CLASS____________

J. *Change each sentence to the plural. Then repeat the answer.*

Esempio Il libro nuovo è molto caro.
I libri nuovi sono molto cari.

1. ..... 2. ..... 3. ..... 4. ..... 5. ..... 6. .....

PART III

A. Dettato

Listen to each sentence and write it down in the space provided. Then repeat the sentence after the speaker.

1. ____

2. ____

3. ____

____

4. ____

B. Formazione delle frasi

Using an appropriate relative pronoun, combine each of the sentences below to make one complete sentence. Then repeat the response after the speaker.

Esempio Il ragazzo è italiano. Si chiama Gino.
Il ragazzo che si chiama Gino è italiano.

1. La studentessa è andata in Italia. Si chiama Giovanna.

....

2. Ecco il libro. Ti ho parlato del libro.

....

3. La birra non era fresca. L'ha portata il cameriere.

....

4. Il signore ha sempre caldo. Preferisce l'inverno.

....

C. Coppie

After you hear the phrase from the left column, choose the part that best completes it from the right column, saying the entire sentence. Then repeat the response after the speaker.

Esempio Non ci vediamo. *Non ci vediamo da due anni.*

1. Non mi scrivi	a. da Roma due anni fa.
2. Sono due anni	b. da tre mesi.
3. Ieri siamo andati	c. a sciare.
4. I signori Borghini sono venuti	d. giocare.
5. Oggi non posso	e. dal fruttivendolo.
6. Devi imparare	f. che non ci vediamo.

NAME____________________ DATE____________ CLASS__________

16

PART I

A. Dialogo: Un incontro di calcio

Listen to the complete dialog. Then listen again and repeat each sentence after the speaker, attempting to act out each part.

Il cạlcio è popolare in tutti i paesi del mondo, ma in particolare in Europa e nell'Amẹrica Latina. Oggi il cạlcio comịncia a ẹssere popolare anche negli Stati Uniti. Agl'Italiani piạcciono tutti gli sport: il cạlcio, lo sci, il tennis, il pugilato e le corse, ma lo sport preferito è il cạlcio, e in Itạlia ogni domẹnica milioni di tifosi sẹguono le partite di cạlcio o negli stadi o alla televisione.

Mạrio e Michele sono appassionati di cạlcio. Oggi è domẹnica e, seduti davanti al televisore, sẹguono la transmissione di una partita fra il Milan e la Fiorentina.

Michele: Va male per la Fiorentina perchè l'ạrbitro è partigiano.
Mạrio: I nostri calciatori non gli sono simpạtici!
Michele: È invịdia, perchè i nostri sono in ọttima forma.
Mạrio: Ecco Fattori; bravo Fattori, forza!
Michele: Dai, bravo! Evviva, ha segnato.
Mạrio: Ora siamo due a due.
Michele: Ricordi quando la nostra squadra ha giocato in Spagna?
Mạrio: Come no! Volevo andare a fare il tifo, ma il viạggio era troppo caro.
Michele: Ma che fa Parducci? Dove ha imparato a giocare?
Mạrio: Gli ụltimi minuti sono sempre lunghi.
Michele: Se contịnuano a giocare così, stiamo freschi.
Mạrio: Finalmente! La partita è finita.
Michele: Be', mẹglio un parẹggio che una sconfitta. Che ore sono?
Mạrio: Sono appena le quattro e dieci.
Michele: È presto. Usciamo?
Mạrio: È un'ọttima idea.

B. Domande

Answer in complete sentences.

Esempio Che cosa è popolare in tutti i paesi del mondo?
Il calcio è popolare in tutti i paesi del mondo?

1. Perchè va male per la Fiorentina?

....

2. Chi ha segnato?

....

3. Che ore sono quando la partita finisce?

....

C. Vocabolario

Repeat each word or expression after the speaker. Then repeat the sentence that illustrates its meaning. Next, write out its meaning in English. Check your answers in the text.

1. l'arbitro: L'*arbitro* di quella partita è partigiano. ____________
2. il calciatore: Fattori è un bravo *calciatore*. ____________
3. la corsa: La *corsa* è uno sport. ____________
4. l'incontro: L'*incontro* tra il Milan e la Fiorentina è alla televisione. ____________
5. il pareggio: La partita è finita in un *pareggio*. ____________
6. il pugilato: Il *pugilato* è uno sport violento. ____________
7. la sconfitta: Meglio un pareggio che una *sconfitta*. ____________
8. la squadra: La *squadra* di calcio andrà in Spagna. ____________
9. la trasmissione: Il tifoso segue sempre la *trasmissione* delle partite. ____________
10. fare il tifo: Quello studente *fa il tifo* per la Fiorentina.

____

NAME______________________________DATE_____________CLASS___________

PART II

A. *Form a question by adding the cue to the phrase* Conosci molte città di. *Then repeat the answer.*

Esempio   la Svizzera   *Conosci molte città della Svizzera?*

1. .....   2. .....   3. .....   4. .....

B. *Form a sentence from the word given as a cue. Follow the example. Then repeat the answer.*

Esempio   l'Europa   *Andiamo in Europa.*

1. .....   2. .....   3. .....   4. .....   5. .....   6. .....

C. *Form a sentence using the word given as a cue. Then repeat the answer.*

Esempio   l'Italia centrale   *Andranno nell'Italia centrale.*

1. .....   2. .....   3. .....   4. .....

D. *Form a sentence using the word given as a cue. Then repeat the answer.*

Esempio   Venezia   *Abita a Venezia.*

1. .....   2. .....   3. .....   4. .....   5. .....   6. .....

E. *Form a sentence using the correct form of the preposition* da. *Then repeat the answer.*

Esempio   l'Italia   *Vengono dall'Italia.*

1. .....   2. .....   3. .....   4. .....   5. .....   6. .....

F. *Answer each question as in the example. Then repeat the answer.*

Esempio   Lucia incomincia a studiare il latino, e loro?
Anche loro incominciano a studiare il latino.

1. .....   2. .....   3. .....   4. .....

G. *Repeat each sentence, making the noun plural. Then repeat the answer.*

Esempio Hai visto l'affresco? *Hai visto gli affreschi?*

1. ..... 2. ..... 3. ..... 4. ..... 5. .....

H. *Answer each question saying that everyone or everything has the characteristic mentioned. Then repeat the answer.*

Esempio È bello? *Tutti sono belli!*

1. ..... 2. ..... 3. ..... 4. ..... 5. .....

I. *Change each sentence to the plural. Then repeat the answer.*

Esempio Mi piace la loro casa nuova. *Mi piacciono le loro case nuove.*

1. ..... 2. ..... 3. ..... 4. ..... 5. ..... 6. .....

7. .....

PART III

A. Dettato

Repeat each sentence and write it down in the space provided. Then repeat the sentence after the speaker.

1. ____

2. ____

3. ____

4. ____

B. Formazione delle frasi

Using the appropriate relative pronoun, combine each pair of sentences below to make one complete sentence. Then repeat the response after the speaker.

Esempio Il ragazzo è italiano. L'abbiamo incontrato.
Il ragazzo che abbiamo incontrato è italiano.

1. La signorina gioca bene a tennis. L'abbiamo incontrata.

....

2. Ecco la professoressa. Ho studiato l'italiano con lei.

....

3. Il bar non è affollato. Mia sorella lo preferisce.

....

4. Il ragazzo si chiama Gianni. Gli ho dato la penna.

....

C. Coppie

After you hear the noun phrase from the left column, choose the adjective that goes with it from the right column, saying the whole phrase. Then repeat the response after the speaker.

Esempio   i meccanici   *i meccanici ricchi*

1. le amiche	a. fresche
2. le birre	b. ricche
3. gli alberghi	c. magnifiche
4. i cataloghi	d. lunghi
5. le città	e. magnifici

NAME______________________ DATE__________ CLASS__________

17

PART I

A. Dialogo: Un personaggio importante

Listen to the complete dialog. Then listen again and repeat each sentence after the speaker, attempting to act out each part.

Francesca e Giancarlo s'incọntrano per caso vicino al Ponte Santa Trịnita a Firenze. Si conọscono da quasi un anno e si vẹdono spesso. Giancarlo si è accorto che ogni volta che vede Francesca la trova sempre più simpạtica.

Francesca: Ciao, Giancarlo.
Giancarlo: Ciao, Francesca, da dove vieni?
Francesca: Sono stata a visitare la Chiesa di Santa Croce.
Giancarlo: Perchè? Non c'eri mai stata? Io che sono romano e ạbito a Firenze da solo due anni ci sono stato tante volte, e tu che sei fiorentina...
Francesca: *(l' interrompe)* Ma non è mica la prima volta, sai! Anch'io ci sono stata tante volte. Sarà la quarta volta.
Giancarlo: E allora perchè ci sei andata? Con chi?
Francesca: Uh... quante domande! Mi ha invitato un famoso artista cinematogrạfico.
Giancarlo: Ora mi prendi in giro.
Francesca: Se prọprio devi saperlo, sono andata con una mia zia di Venẹzia che è in vịsita a Firenze. Abbiamo fatto tutto il giro, e con la guida.
Giancarlo: Povera te!
Francesca: Abbiamo visto le tombe di molti personaggi importanti: Michelạngelo, Rossini, Machiavelli, Galileo, e anche quella di Dante, ma quella è vuota perchè Dante è sepolto a...
Giancarlo: *(l'interrompe)* Sì, lo so, a Ravenna.
Francesca: E che guida!... parlava così presto che sembrava una mạcchina; e per di più con un forte accento genovese, ed era quasi impossịbile capire quello che diceva.
Giancarlo: Già, voi Fiorentini credete che voi soltanto sapete parlare bene l'italiano. Ma è mẹglio cambiare discorso. Da molto tempo mi hai promesso di fare una gita con me.

Francesca: È vero. Va bene. Verrò con te. Dove mi porti?
Giancarlo: Domẹnica ti porto in campagna — nei boschi di querce dove ci sono molti fiori — e a fare la conoscenza di un altro famoso personạggio.
Francesca: Chi?
Giancarlo: Il re delle bugie, il famoso burattino, Pinọcchio. Ti porto a Collodi a vedere il paese di Pinọcchio.

B. Domande

Answer in complete sentences.

Esempio Dove s'incontrano Francesca e Giancarlo?
Francesca e Giancarlo s'incontrano vicino al Ponte Santa Trinità a Firenze.

1. Da quanto tempo Giancarlo abita a Firenze?

....

2. Quale accento aveva la guida?

....

3. Dov'è il paese di Pinocchio?

....

C. Vocabolario

Repeat each word or expression after the speaker. Then repeat the sentence that illustrates its meaning. Next, write out its meaning in English. Check your answers in the text.

1. il bosco: Nel *bosco* ci sono molti fiori. ____________________

2. la bugia: Pinocchio era il re delle *bugie*. __________________

3. la campagna: Preferisco la *campagna* alla città. ______________

4. la conoscenza: Francesca fa la *conoscenza* di un personaggio famoso.

   ____

5. la domanda: Quando la studentessa non capisce qualcosa, fa delle

   domande. ____________________________________

6. accorgersi: Giancarlo *si è accorto* che Francesca è simpatica.

____

7. incontrarsi: I due amici *si sono incontrati* ieri al bar.

____

8. sembrare: La guida parlava così veloce che *sembrava* una macchina.

____

9. meglio: È *meglio* cambiare discorso. _______________

10. mica: Non è *mica* la prima volta, sai! _______________

11. spesso: Francesca e Giancarlo si vedono *spesso*. _______________

12. per caso: I due amici si sono incontrati ieri *per caso*. _______________

PART II

A. *Answer each question saying you do each thing only with or for your friend. Then repeat the answer.*

Esempio Canti con me? *No, canto solo con lui.*

1. ..... 2. ..... 3. ..... 4. ..... 5. ..... 6. .....

B. *Answer each question as in the example. Then repeat the answer.*

Esempio Ti inviteranno? *No, inviteranno solo lei.*

1. ..... 2. ..... 3. ..... 4. .....

C. *Answer each question affirmatively as in the example. Then repeat the answer.*

Esempio Inviti Gino? *Sì, invito anche lui.*

1. ..... 2. ..... 3. ..... 4. ..... 5. ..... 6. .....

D. *Change each cardinal number to its corresponding ordinal number. Then repeat the answer.*

Esempio due *secondo*

....

E. *Rephrase each sentence as in the example. Then repeat the answer.*

Esempio Ha mangiato l'arancia. *Anzi, ha mangiato tante arance.*

1\. ..... 2. ..... 3. ..... 4. .....

F. *Change each noun phrase to the plural. Then repeat the answer.*

Esempio la loro casa *le loro case*

1\. ..... 2. ..... 3. ..... 4. .....

G. *Following the example, say what it will be tomorrow. Then repeat the answer.*

Esempio Oggi è lunedì. *Domani sarà martedì.*

1\. ..... 2. ..... 3. ..... 4. .....

H. *Change each noun phrase to the plural. Then repeat the answer.*

Esempio la casa vecchia *le case vecchie*

1\. ..... 2. ..... 3. ..... 4. ..... 5. ..... 6. .....

PART III

A. Dettato

Listen to each sentence and write it down in the space provided. Then repeat the sentence after the speaker.

1\. ______________________________

2\. ______________________________

3\. ______________________________

4\. ______________________________

NAME________________________________DATE______________CLASS____________

B. Formazione delle frasi

Form a complete sentence out of each group of words below. Repeat each response after the speaker.

1. da / ha fatto / lo / sè

....

2. te / di / parla / spesso

....

3. scuola / a / vado / lunedì / il

....

4. Mario / fa / lo / lei / per

....

C. Coppie

After you hear the cardinal number from the left column, choose its corresponding ordinal number from the right column. Then repeat the response after the speaker.

Esempio 2 *secondo*

3	ottavo
24	nono
5	settantesimo
70	quinto
8	terzo
9	ventiquattresimo

NAME________________________________DATE______________CLASS____________

18

PART I

A. Dialogo: Telefonata serale

Listen to the complete dialog. Then listen again and repeat each sentence after the speaker, attempting to act out each part.

Giancarlo alza il ricevitore e forma il nụmero di Francesca.

Giancarlo: Pronto? Francesca? Buona sera. Disturbo?

Francesca: No, no, ti pare. Buona sera, Giancarlo.

Giancarlo: Che facevi?

Francesca: Leggevo. Devo lẹggere una diecina di poesie di Montale per la lezione di letteratura di domani. Ne ho già lette cịnque.

Giancarlo: Ti piace la poesia di Montale?

Francesca: Sì, molto. Poeti come lui ce ne sono pochi oggi. Del resto a me mi piace la poesia in generale.

Giancarlo: Se ti piạcciono tanto le poesie te ne scriverò io qualcuna.

Francesca: Sei anche poeta? Non lo sapevo. Cosa scrivi, poesie cọmiche o versi per pagliacci?

Giancarlo: Sei molto spiritosa stasera. A propọsito, domẹnica mi hai promesso di rilẹggere *Le Avventure di Pinọcchio*—anche quẹl libro è poesia; lo hai riletto?

Francesca: Non ancora, ma te l'ho promesso e lo farò. La gita di domẹnica è stata splẹndida; te ne sono veramente grata.

Giancarlo: Ti sei divertita?

Francesca: Oh sì! Il museo di Pinọcchio è un tesoro. E la campagna vicino a Collodi è così bella e tranquilla.

Giancarlo: Quando ci rivediamo?

Francesca: Fra due settimane. Non ti ricordi? Il quịndici sera andiamo al teatro.

Giancarlo: Già. La rappresentazione della Commẹdia dell'Arte.

Francesca: In ogni modo, ci risentiamo domani, va bene?

Giancarlo: Benịssimo. Buona notte.

B. Domande

Answer in complete sentences.

Esempio Che cosa alza Giancarlo? *Giancarlo alza il ricevitore.*

1. Che cosa faceva Francesca?

   ....

2. Com'è stata la gita di domenica?

   ....

3. Com'è la campagna vicino a Collodi?

   ....

C. Vocabolario

Repeat each word or expression after the speaker. Then repeat the sentence that illustrates its meaning. Next, write out its meaning in English. Check your answers in the text.

1. il museo: Il *museo* di Pinocchio è un tesoro. ____________________
2. la notte: È tardi; vado a dormire. Buona *notte*. ____________________
3. la poesia: Le *poesie* di Montale sono molto belle. ____________________
4. il poeta: Montale è un *poeta* famoso. ____________________
5. la rappresentazione: Al teatro c'è una *rappresentazione* della Commedia dell'Arte. ____________________
6. grato: Te ne sono veramente *grato* della bella gita. ____________________
7. formare: Giancarlo *forma* il numero di Francesca. ____________________
8. risentirsi: *Ci risentiamo* domani, va bene? ____________________
9. avere da fare: Gli studenti *hanno* sempre *da fare*.

   ____

NAME________________________________DATE_______________CLASS____________

PART II

A. *Change each noun phrase to the plural. Then repeat the answer.*

Esempio la casa nuova *le case nuove*

1. ..... 2. ..... 3. ..... 4. ..... 5. ..... 6. .....

7. ..... 8. .....

B. *Say that Carlo has seven of the things mentioned, then eight, and so on. Then repeat the answer.*

Esempio Quanti dischi ha? *Ne ha sette.*

1. ..... 2. ..... 3. ..... 4. .....

C. *Say that your friends have done one more of each thing mentioned. Then repeat the answer.*

Esempio Hanno letto due poesie? *No, ne hanno lette tre!*

1. ..... 2. ..... 3. ..... 4. ..... 5. ..... 6. .....

D. *Answer affirmatively as in the example. Then repeat the answer.*

Esempio Compra delle mele? *Sì, ne compro tante!*

1. ..... 2. ..... 3. ..... 4. ..... 5. ..... 6. .....

7. ..... 8. .....

E. *Answer each question as in the example. Use the appropriate object pronouns. Then repeat the answer.*

Esempio Ti hanno dato il libro? *No, ma me lo daranno domani.*

1. ..... 2. ..... 3. ..... 4. ..... 5. ..... 6. .....

F. *Answer each question as in the example. Then repeat the answer.*

Esempio Quando gli dai le mele? *Gliele ho già date.*

1. ..... 2. ..... 3. ..... 4. ..... 5. ..... 6. .....

G. *Answer in the affirmative, saying you will give Franca some of what is mentioned. Then repeat the answer.*

Esempio Le dai del pane? *Sì, gliene do un po'.*

1. ..... 2. ..... 3. ..... 4. .....

H. *Answer in the negative. Then repeat the answer.*

Esempio Hai letto il libro al bambino?
No, non gliel'ho ancora letto.

1. ..... 2. ..... 3. ..... 4. ..... 5. ..... 6. .....

I. *Change each phrase to the plural. Then repeat the answer.*

Esempio il libro rosso *i libri rossi*

1. ..... 2. ..... 3. ..... 4. ..... 5. ..... 6. .....

PART III

A. Dettato

Listen to each sentence and write it down in the space provided. Then repeat the sentence after the speaker.

1. ____________________

2. ____________________

3. ____________________

4. ____________________

NAME________________________________DATE____________CLASS____________

B. Formazione delle frasi

Form a complete sentence out of each group of words below. Then repeat each response after the speaker.

1. non / no / ha parlato / ne

....

2. voglio / non / ora / parlarne

....

3. leggerò / la / ve / domani

....

4. non / perchè / dai / gliele

....

C. Coppie

After you hear the clue from the left column, choose the item in the right column to which it corresponds. Then repeat the response after the speaker.

Esempio Scrive poesie. *poeta*

1. Il re delle bugie.	a. verso
2. Lo vedi alla televisione.	b. numeri
3. Ha scritto *Le Avventure di Pinocchio*.	c. violinista
4. I cardinali e gli ordinali.	d. Pinocchio
5. Fa parte di una poesia.	e. Collodi
6. Suona il violino.	f. programma

NAME________________________________DATE______________CLASS____________

19

PART I

A. Dialogo: Arlecchino

Listen to the complete dialog. Then listen again and repeat each sentence after the speaker, attempting to act out each part.

Francesca e Giancarlo sono nel ridotto del Teatro della Pẹrgola durante l'intervallo fra i due atti di « Arlecchino, Servitore di Due Padroni », un'antica rappresentazione della Commẹdia dell'Arte.

Giancarlo: Vieni quị, guarda, c'è una sẹdia lịbera. Vuoi sedere?
Francesca: No. Preferisco stare in piedi.
Giancarlo: Allora che ne pensi di questo spettạcolo della Commẹdia dell'Arte?
Francesca: Mi piace, sai... mi piace molto.
Giancarlo: È così diversa dal teatro moderno, non trovi?
Francesca: Sì. I libri di scuola pạrlano spesso della Commẹdia dell'Arte, ma vederla così, dal vero, con attori vivi è un'esperienza originale.
Giancarlo: Sì, è vero. Chi sono gli attori?
Francesca: Vediamo cosa dice il programma.
Giancarlo: Ecco. È quị. Sono gli attori dị una compagnia padovana.
Francesca: Cosa credi, improvvịsano il diạlogo come facẹvano anticamente, oppure ụsano un copione con un diạlogo preciso?
Giancarlo: Improvvịsano, credo. Vediamo cosa dice il programma. Ascolta! *(legge)* « Gli attori contịnuano la vẹcchia tradizione del diạlogo improvvisato. »
Francesca: È suonato il campanello. Sta per incominciare il secondo atto. Su, facciamo presto.

Alla fine dello spettạcolo, mentre ẹscono dal teatro, Francesca e Giancarlo incọntrano due amiche, Clara e Maria e si fẹrmano a salutarle.

Francesca:	V'è piaciuto?
Maria:	Interessante e divertente.
Francesca:	Dove andate ora?
Clara:	Non so. Forse a letto.
Francesca:	Ma no, è ancora presto. Andiamo a casa mia e facciamo due chiạcchiere.

B. Domande

Answer in the complete sentences.

Esempio Dove sono Francesca e Giancarlo?
Francesca e Giancarlo sono nel ridotto del Teatro della Pergola.

1. Chi sono gli attori?

....

2. Come si chiamano le amiche di Francesca e Giancarlo?

....

3. Quando lo spettacolo finisce è tardi?

....

C. Vocabolario

Repeat each word or expression after the speaker. Then repeat the sentence that illustrates its meaning. Next, write out its meaning in English. Check your answers in the text.

1. l'atto: La commedia ha due *atti* ______________________

2. l'attore: Gli *attori* della Commedia dell'Arte non usano il copione.

____

3. l'esperienza: Vedere la rappresentazione con attori vivi è un'*esperienza* originale. ______________________

4. l'intervallo: Ogni rappresentazione ha un *intervallo*.

____

5. il letto: Io vado a *letto* presto ogni sera. ____________________

6. il programma: Sul *programma* ci sono i nomi degli attori.

____

7. il ridotto: I due amici s'incontrano nel *ridotto* del teatro.

____

8. la sedia: Quando sono stanco, mi siedo su una *sedia*. ___________

9. lo spettacolo: Lo *spettacolo* finisce alle dieci. ______________

10. divertente: La commedia è stata interessante e *divertente*.

____

11. libero: Al teatro non c'era una sedia *libera*. ________________

12. ascoltare: Quando non ho niente da fare, *ascolto* la radio.

____

13. fermarsi: Alla fine dello spettacolo *si fermano* a salutare due amiche. _________________

14. pensare: Cosa ne *pensi* dello spettacolo? ______________________

15. fare presto: Su, *facciamo presto*, lo spettacolo sta per incominciare.

____

PART II

A. *Using the familiar singular form, answer affirmatively in the imperative. Then repeat the command.*

Esempio Posso parlare? *Sì, parla.*

1. ..... 2. ..... 3. ..... 4. .....

B. *Using the familiar plural form, answer your friends affirmatively in the imperative. Then repeat the command.*

Esempio   Ripetiamo la parola?   *Sì, ripetete la parola.*

1. .....   2. .....   3. .....   4. .....

C. *Using the familiar singular form, answer Gina affirmatively in the imperative. Then repeat the command.*

Esempio   Posso mangiare adesso?   *Sì, mangia adesso.*

1. .....   2. .....   3. .....   4. .....   5. .....   6. .....

D. *Answer affirmatively in the imperative as in the example. Then repeat the command.*

Esempio   Resto qui?   *Signora resti pure.*

1. .....   2. .....   3. .....   4. .....

E. *Suggest that your friend not do the things asked. Then repeat the suggestion.*

Esempio   Leggo il libro?   *No, non leggere ora.*

1. .....   2. .....   3. .....   4. .....

F. *Following the example, answer in the negative using the formal singular command. Then repeat the suggestion.*

Esempio   Posso scrivere?   *No, non scriva ancora.*

1. .....   2. .....   3. .....   4. .....

G. *Respond to each question using the imperative. Then repeat the command.*

Esempio   Non avete ancora telefonato a Gino?
Allora telefonate a Gino subito!

1. .....   2. .....   3. .....   4. .....

NAME______________________________DATE______________CLASS____________

H. *Change each sentence to the plural. Then repeat the answer.*

Esempio C'è un libro interessante. *Ci sono dei libri interessanti.*

1. ..... 2. ..... 3. ..... 4. ..... 5. ..... 6. .....

7. .....

PART III

A. Dettato

Listen to each sentence and write it down in the space provided. Then repeat the sentence after the speaker.

Imperative sentences

1. ____

2. ____

3. ____

4. ____

B. Formazione delle frasi

Make a complete sentence out of each group of words below. Then repeat each response after the speaker.

1. subito / legga / lettera / questa

....!

2. frase / quella / scrivere / non

....!

3. non / Francesca / essere / spiritosa

....!

4. venga / signora / qui

....!

C. Coppie

After you hear the noun from the left column, choose its corresponding feminine form from the right column.

Esempio studente *studentessa*

1. uomini	a. madre
2. violinisti	b. professoressa
3. padre	c. amica
4. fratello	d. violiniste
5. amico	e. donne
6. professore	f. sorella

NAME______________________DATE______________CLASS____________

20

PART I

A. Dialogo: Uno alla volta

Listen to the complete dialog. Then listen again and repeat each sentence after the speaker, attempting to act out each part.

Un gruppo di studenti di liceo si prepạrano per l'esame di letteratura moderna che avrà luogo la settimana prọssima. Questo esame è considerato più difficile degli altri per molte ragioni. La discussione è animata—infatti, troppo animata.

Franco: Zitti! Zitti! Fạtemi il favore, parlate uno alla volta o quị non combiniamo niente.

Graziella: Be', dicci tu come dobbiamo fare.

Franco: Uno di noi propone una domanda piuttosto generale. Poi uno alla volta ognuno esprime la sua opinione, e dopo, sempre in modo ordinato, cercheremo di intavolare una discussione generale.

Graziella: Bene. Comịncia tu, Franco. Facci la prima domanda.

Franco sta per parlare quando entra Giancarlo. È affannato e un po' sudato.

Giancarlo: Abbiate pazienza e scusạtemi se sono in ritardo. C'era un tale ingorgo di trạffico al centro che sono sceso dall'ạutobus e sono venuto a piedi.

Franco: Stiamo per cominciare. Mẹttiti a sedere, Giancarlo.

Giancarlo si siede vicino a Francesca.

Francesca: *(sottovoce)* Ero davvero preoccupata. Sei così in ritardo!

Giancarlo: Non è colpa mia. Dimmi, cosa avete fatto finora?

Francesca: Ben poco.

Franco: Ẹccovi la prima domanda: « Perchè la poesia ermẹtica è considerata più importante delle altre correnti letterạrie di questo sẹcolo? »

La discussione ricomịncia e dopo pochi minuti è più animata di prima.

B. Domande

Answer in complete sentences.

Esempio Quando avrà luogo l'esame di letteratura moderna?
L'esame di letteratura moderna avrà luogo la settimana prossima.

1. Com'è la discussione?

....

2. Com'è Giancarlo?

....

3. Dove si siede Giancarlo?

....

C. Vocabolario

Repeat each word or expression after the speaker. Then repeat the sentence that illustrates its meaning. Next, write out its meaning in English. Check your answers in the text.

1. la corrente: La poesia ermetica è una *corrente* letteraria importante.

____

2. la discussione: La *discussione* è troppo animata. ______________

3. il modo: Ognuno esprime la sua opinione in *modo* ordinato.

____

4. il secolo: Ci sono cento anni in un *secolo*. ______________

5. affannato: Giancarlo è *affannato* e un po' sudato. ______________

6. preoccupato: Francesca era *preoccupata* perchè Giancarlo era in ritardo. ______________

7. cercare: Franco *cerca* di intavolare una discussione generale.

____

8. combinare: Dopo tanta discussione, gli studenti non *hanno combinato* niente. ______________

NAME________________________________DATE______________CLASS____________

9. finora: Cosa avete fatto *finora*? ______________________

10. piuttosto: L'esame d'italiano era *piuttosto* difficile. ________

11. ingorgo di traffico: C'era un tale *ingorgo di traffico* che Giancarlo è sceso dall'autobus. ____________________

12. zitti: "*Zitti!*", ha detto il professore alla classe. ___________

PART II

A. *Using the appropriate object pronoun, answer your friend affirmatively in the imperative. Then repeat the command.*

Esempio Apro il libro? *Sì, aprilo.*

1. ..... 2. ..... 3. ..... 4. ..... 5. ..... 6. .....

B. *Using the appropriate object pronoun, answer Mrs. Bianchi affirmatively in the imperative. Then repeat the answer.*

Esempio Scrivo la lettera? *Sì, signora, la scriva pure.*

1. ..... 2. ..... 3. ..... 4. .....

C. *Using the appropriate object pronouns, answer your friend affirmatively in the imperative. Then repeat the answer.*

Esempio Gli dico la verità? *Digliela subito.*

1. ..... 2. ..... 3. ..... 4. ..... 5. ..... 6. .....

D. *Using the appropriate object pronouns, answer Mr. Binni affirmatively in the imperative. Then repeat the answer.*

Esempio Le dico la verità? *Signore, me la dica subito.*

1. ..... 2. ..... 3. ..... 4. .....

E. *Using the appropriate object pronoun, answer your friends affirmatively in the imperative. Then repeat the answer.*

Esempio Dobbiamo alzarci? *Sì, alzatevi.*

1. ..... 2. ..... 3. ..... 4. .....

F. *Use the comparison of equality to compare the person or thing mentioned. Then repeat the answer.*

Esempio Lisa e Maria sono alte. *Lisa è tanto alta quanto Maria.*

1. ..... 2. ..... 3. ..... 4. .....

G. *Use the expression* più di *to compare each of the following. Then repeat the answer.*

Esempio Luisa e alta, ma Maria e più alta. *Maria e più alta di Luisa.*

1. ..... 2. ..... 3. ..... 4. .....

H. *Use the expression* più che *to compare each of the following. Then repeat the answer.*

Esempio Le fragole sono buone ma troppo care.
Le fragole sono più care che buone.

1. ..... 2. ..... 3. .....

I. *Tell your friend to take or to buy the less expensive item. Then repeat the answer.*

Esempio Prendo questo vestito? *No, prendi quello meno caro.*

1. ..... 2. ..... 3. ..... 4. ..... 5. ..... 6. .....

PART III

A. Dettato

Listen to each sentence and write it down in the space provided. Then repeat the sentence after the speaker.

1. ____

NAME________________________ DATE______________ CLASS____________

2. ______________________________

3. ______________________________

4. ______________________________

B. Formazione delle frasi

Make a complete sentence out of each group of words below. Then repeat each response after the speaker.

1. tardi / è / perchè / alzati

....!

2. me / di / è / più / Gianna / bella

....

3. in primavera / fresco / fa / che / più / caldo

....

4. Maria / a / dallo

....

C. Coppie

After you hear the question from the left column, choose the answer that corresponds to it from the right column. Then repeat the response after the speaker.

Esempio Me lo compri? *Sì, te lo compro.*

1. Glieli compri?	a. Sì, ve le compro.
2. Ce le compri?	b. Sì, glieli compro.
3. Gliele compri?	c. Sì, ve la compro.
4. Me li compri?	d. Sì, gliele compro.
5. Ce la compri?	e. Sì, te li compro.

NAME______________________________DATE_______________CLASS____________

21

PART I

A. Dialogo: Alla stazione ferroviaria

Listen to the complete dialog. Then listen again and repeat each sentence after the speaker, attempting to act out each part.

Ieri Adriana ha ricevuto un telegramma da Roma. « Parto domani ore diciotto. Arriverò alle ventitrè col rapido. Vieni alla stazione. Marina » Adriana è alla stazione da pochi minuti quando il rapido arriva.

Adriana: Ciao, Marina. Hai fatto buon viaggio?
Marina: Sì. Infatti ho avuto una piacevole sorpresa durante il viaggio.
Adriana: Hai conosciuto un milionario che si è subito innamorato di te.
Marina: Magari!
Adriana: Dimmi tutto. Non mi tenere sulle spine.
Marina: Mi ero appena seduta e avevo cominciato a leggere quando è entrata una ragazza più o meno della mia età.
Adriana: E così?
Marina: Figurati! Era Silvana Mancini. Non ci vedevamo da più di quindici anni. Eravamo state compagne di scuola nella seconda elementare. Abbiamo parlato durante tutto il viaggio. Per fortuna eravamo sole nello scompartimento. Lei ha proseguito per Bologna.
Adriana: Allora, che c'è di nuovo a Roma?
Marina: Finalmente hanno finito un altro tratto della metropolitana, e hanno aumentato il numero di isole pedonali. E Roma... Roma è sempre la più bella città d'Italia.
Adriana: Sarà! Io preferisco Firenze. Ma guarda un po', non c'è nemmeno un facchino.
Marina: Non importa, ho soltanto queste due piccole valige.
Adriana: Lo sapevi che c'è lo sciopero dei tassisti a Firenze?
Marina: Pazienza, prenderemo il filobus.

B. Domande

Answer in complete sentences.

Esempio Da dove ha ricevuto un telegramma ieri Adriana?
Ieri Adriana ha ricevuto un telegramma da Roma.

1. Per dove ha proseguito Silvana Mancini?

....

2. Che cosa hanno aumentato a Roma?

....

3. Che cosa c'è a Firenze?

....

C. Vocabolario

Repeat each word or expression after the speaker. Then repeat the sentence that illustrates its meaning. Next, write out its meaning in English. Check your answers in the text.

1. l'età: La ragazza aveva più o meno *l'età* di Marina. ____________
2. il facchino: Il *facchino* porterà le tue valige. ____________
3. la metropolitana: Quando sono a Roma preferisco prendere la *metropolitana* invece dell'autobus. ____________
4. il rapido: Il *rapido* delle ventitrè è arrivato. ____________
5. lo sciopero: A Firenze c'è lo *sciopero* dei tassisti. ____________
6. lo scompartimento: Durante il viaggio Marina era sola nello *scompartimento* del treno. ____________
7. la stazione ferroviaria: Alla *stazione ferroviaria* Marina aspetta il treno per Firenze. ____________
8. subito: Il milionario si è *subito* innamorato di Marina.

____

NAME________________________________DATE_______________CLASS_____________

9. fare buon viaggio: Marina *ha fatto buon viaggio* col rapido.

____

10. essere sulle spine: Quando scrivo un esame *sono* sempre *sulle spine.* ____________________

PART II

A. *Following the example, answer each question using the past perfect. Use the appropriate object pronouns.*

Esempio Ha comprato il libro solo ieri? *No, l'aveva comprato prima.*

1. ..... 2. ..... 3. ..... 4. .....

B. *Answer each question as in the example. Then repeat the answer.*

Esempio Sono partiti solo ieri? *No, erano partiti prima.*

1. ..... 2. ..... 3. ..... 4. .....

C. *Following the example, form a complete sentence using* dopo che. *Then repeat the answer.*

Esempio Il film è cominciato. Ci avete telefonato.
Ci avete telefonato dopo che era cominciato il film.

1. ..... 2. ..... 3. ..... 4. .....

D. *Answer each question as in the example. Then repeat the answer.*

Esempio Mario va a Roma. E voi? *Anche noi ci andiamo.*

1. ..... 2. ..... 3. ..... 4. .....

E. *Answer each question as in the example. Then repeat the answer.*

Esempio Quando va in biblioteca? *Ci è già andata.*

1. ..... 2. ..... 3. ..... 4. .....

F. *Following the example, say that each thing or person is the most beautiful. Then repeat the answer.*

Esempio Quella piazza è a Firenze. *È la più bella di Firenze.*

1. ..... 2. ..... 3. ..... 4. ..... 5. ..... 6. .....

G. *Following the example, use the cues to form a complete sentence. Then repeat the answer.*

Esempio l'esercizio difficile / questo libro
È l'esercizio meno difficile di questo libro.

1. ..... 2. ..... 3. ..... 4. .....

H. *Change each noun phrase to the plural. Then repeat the answer.*

Esempio Comprano il libro nuovo. *Comprano i libri nuovi.*

1. ..... 2. ..... 3. ..... 4. ..... 5. ..... 6. .....

PART III

A. Comprensione

The following brief passage will be read twice. Listen carefully; then circle the letter of the correct answer to each question. Repeat the response after the speaker.

1. a. L'ha ricevuto da Roma.

   b. L'ha ricevuto da Napoli.

   c. L'ha ricevuto da Firenze.

2. a. Arriverà alle quattordici.

   b. Arriverà alle nove.

   c. Arriverà alle quindici.

3. a. Perchè non ha la macchina.

   b. Perchè non ha tempo.

   c. Perchè c'è lo sciopero.

NAME________________________________DATE______________CLASS____________

B. Formazione delle frasi

Choose the appropriate word for each space, saying the entire sentence. Then repeat the response after the speaker.

ci, più, era, della

1. Sapevo che .... già andata in Italia.

2. .... siamo andati due anni fa.

3. Roma è la città .... grande d'Italia.

4. È il libro meno interessante .... biblioteca.

C. Coppie

After the speaker asks a question from the left, choose its corresponding answer from the right column. Then repeat the response after the speaker.

Esempio Sei mai andato in Italia? *Sì, ci sono andato due anni fa.*

1. Siete mai andati a Roma?	a. Ci ritornerò fra un anno.
2. Ci sei andato solo o in compagnia?	b. Ci ritornerò con un amico.
3. Ti ci è piaciuto?	c. Sì, mi ci è piaciuto molto.
4. Ci vuoi ritornare?	d. Sì, voglio ritornarci presto.
5. Quando ci ritornerai?	e. Ci sono andato solo.
6. Con chi ci ritornerai?	f. Sì, ci siamo andati tre anni fa.

NAME________________________________DATE_______________CLASS____________

22

PART I

A. Dialogo: Davanti a un'edicola

Listen to the complete dialog. Then listen again and repeat each sentence after the speaker, attempting to act out each part.

Sono le quattro del pomeriggio. Adriana e Marina ritornano a casa dall'università e si fermano davanti a un'edicola.

Marina: (*al giornalaio*) Ha *La Nazione?*
Giornalaio: No. *La Nazione* è esaurita. Sa com'è, qui a Firenze la comprano tutti.
Marina: Allora mi dia il *Corriere della Sera.*
Giornalaio: Benissimo, eccolo. Sono cinquecento lire.
Marina: Ci ha il *Daily American?*
Giornalaio: Sì, ce l'ho; eccolo.
Adriana: Cos'è il *Daily American?*
Marina: Non lo conosci? È un giornale in lingua inglese che stampano a Roma. Esce da molti anni. Lo devi leggere.
Adriana: Sì, sì, voglio leggerlo. Sarà molto utile per chi studia la lingua inglese.
Marina: Quando l'avrò finito, te lo presterò, ma dovrai restituirmelo perchè li conservo.
Adriana: Guarda, la fotografia sulla copertina di *Epoca.*
Marina: Chi è?
Adriana: È Umberto Eco, l'autore del romanzo *Il Nome della Rosa,* che ha avuto grandissimo successo anche all'estero.
Marina: Già. Negli Stati Uniti è stato tra i bestseller.
Adriana: Tu leggi *Epoca?*
Adriana: Raramente. Di solito leggo *Oggi,* e qualche volta *La Selezione del Reader's Digest.*
Adriana: Tu scherzi! È una rivista passata ormai. La legge mia nonna.
Marina: Ma, no; è piena d'informazioni e dà anche il riassunto di romanzi recenti.
Adriana: Io preferisco le riviste di discussione politica, per esempio, *L'Espresso.*
Marina: Aspetta che compro l'ultimo numero de *L'Espresso* anch'io.

B. Domande

Answer in complete sentences.

Esempio Che ore sono? *Sono le quattro del pomeriggio.*

1. Quanto costa *Il Corriere della sera*?

   ....

2. Di chi è la fotografia sulla copertina di *Epoca*?

   ....

3. Che cosa legge la nonna di Adriana?

   ....

C. Vocabolario

Repeat each word or expression after the speaker. Then repeat the sentence that illustrates its meaning. Next, write out its meaning in English. Check your answers in the text.

1. l'autore: Umberto Eco è l'*autore* di quel romanzo. ______________
2. la copertina: La *copertina* di "*Epoca*" ha una fotografia di Umberto Eco. ______________
3. l'edicola: Il giornalaio dell'*edicola* non ha più "*La Nazione*". ______________
4. il riassunto: In quella rivista c'è il *riassunto* dei bestseller. ______________
5. esaurito: "*La Nazione*" è *esaurita*. ______________
6. pieno: Quella rivista è *piena* d'informazioni. ______________
7. prestare: Marina *presterà* la sua rivista a Adriana, quando l'avrà finita. ______________
8. all'estero: Quel romanzo ha avuto successo anche *all'estero*. ______________

NAME______________________________DATE_______________CLASS____________

PART II

A. *Answer each question as in the example, using the future perfect. Then repeat the answer.*

Esempio   Perchè non mangia?   *Avrà già mangiato.*

1. .....   2. .....   3. .....   4. .....

B. *Answer each question as in the example, using the future perfect. Then repeat the answer.*

Esempio   Perchè non partono?   *Saranno già partiti.*

1. .....   2. .....   3. .....   4. .....

C. *Answer each question using the appropriate object pronoun. Then repeat the answer.*

Esempio   Devo spiegarti questa lezione?   *Sì, me la devi spiegare.*

1. .....   2. .....   3. .....   4. .....   5. .....   6. .....

D. *Answer each question saying you do not want to do what is asked. Use the appropriate object pronoun. Then repeat the answer.*

Esempio   Vuoi andare a Pompei?   *No, non voglio andarci.*

1. .....   2. .....   3. .....   4. .....

E. *Answer each question saying that you cannot do the thing asked. Use the appropriate object pronoun. Then repeat the answer.*

Esempio   Puoi andare a Pompei?   *No, non ci posso andare.*

1. .....   2. .....   3. .....   4. .....

F. *Use the absolute superlative as in the example. Then repeat the answer.*

Esempio   La discussione era animata.   *Macchè animata, era animatissima!*

1. .....   2. .....   3. .....   4. .....   5. .....   6. .....

G. *Say that each thing mentioned is the best. Then repeat the answer.*

Esempio Questo pesce è buono. *È ottimo.*

1. ..... 2. ..... 3. ..... 4. ..... 5. ..... 6. .....

H. *Change each noun phrase to the plural. Then repeat the answer.*

Esempio Vendete la casa vecchia? *Vendete le case vecchie?*

1. ..... 2. ..... 3. ..... 4. .....

PART III

A. Comprensione

The following brief passage will be read twice. Listen carefully, then circle the letter of the correct answer to each question. Repeat the response after the speaker.

1. a. Si ferma davanti alla stazione.

   b. Si ferma davanti a casa sua.

   c. Si ferma davanti a un'edicola.

2. a. È di Gina Lollobrigida.

   b. È di Sofia Loren.

   c. È di Claudia Cardinale.

3. a. Perchè non ha abbastanza soldi.

   b. Perchè non le piace.

   c. Perchè non sa leggere l'italiano.

B. Formazione delle frasi

Choose the appropriate word for each space, saying the entire sentence. Then repeat the response after the speaker.

per, avrò, sarà, interessantissima

1. Gli darò la rivista quando l'............... finita.

2. .... già andato al lavoro.

3. È venuto .... vederla.

4. È una rivista ....

C. Coppie

After the speaker says the words from the left column, choose the corresponding superlative from the right column. Then repeat the response after the speaker.

Esempio molto bella *bellissima*

1. molto lunga	a. ottimo
2. molto bianco	b. difficilissimo
3. cattivissimo	c. bianchissimo
4. buonissimo	d. simpaticissima
5. molto difficile	e. lunghissima
6. molto simpatica	f. pessimo

NAME________________________DATE______________CLASS____________

23

PART I

A. Dialogo: Cento di questi giorni!

Listen to the complete dialog. Then listen again and repeat each sentence after the speaker, attempting to act out each part.

Oggi i Maratti festẹggiano il compleanno di Adriana. Suo padre, come le aveva promesso, l'ha portata a Forte Belvedere, alla mostra della stọria del Mạggio Musicale Fiorentino. Ora sono seduti a una tạvola in un ristorante in Borgo Ognissanti.

Signọr Maratti: Ti è piaciuta la mostra, Adriana?

Adriana: Moltịssimo, ma una vịsita non basta, sai. Io vorrei ritornarci una seconda volta.

Cameriere: Buọn giorno, signori. Che cosa prẹndono oggi?

Signora Maratti: Io vorrei una minestra in brodo, del pollo arrosto e un'insalata di radịcchio.

Adriana: Io, tortellini alla bolognese e fritto misto.

Signọr Maratti: Per me, prosciutto con melone e bollito con salsa verde.

Cameriere: Ạcqua minerale?

Signọr Maratti: Ạcqua minerale gassata e vino bianco della casa.

Signora Maratti: Avresti dovuto ordinare ạcqua minerale senza gas, l'ạcqua gassata fa male.

Signọr Maratti: Stọrie, anzi fa bene. *(a Adriana)* Dụnque, dicevi che volevi rivedere la mostra.

Adriana: Sì. Ti rendi conto che ci sono circa mille bozzetti, figurini, costumi e tante altre cose?

Signọr Maratti: E fra tutte queste belle cose quale sceglieresti come la più originale, la più preziosa?

Adriana: Il bozzetto di De Chịrico per *I Puritani.* Cosa non darei per averlo!

Cameriere: Ecco il pane, l'ạcqua minerale e il vino, signori.

Signọr Maratti: *(brinda alla salute di Adriana)* Auguri, Adriana, e cento di questi giorni.

Signora Maratti: Auguri, cara! Buọn compleanno.

Adriana: Grạzie mamma, grạzie papà.

Signọr Maratti: E ora mangiamo. Buọn appetito!

B. Domande

Answer in complete sentences.

Esempio Che cosa festeggiano oggi i Maratti?
Oggi i Maratti festeggiano il compleanno di Adriana.

1. Dove sono seduti ora i Maratti?

....

2. Che cosa c'è alla mostra?

....

3. Che cosa porta il cameriere?

....

C. Vocabolario

Repeat each word or expression after the speaker. Then repeat the sentence that illustrates its meaning. Next, write out its meaning in English. Check your answers in the text.

1. l'acqua: Gli italiani bevono spesso *l'acqua* minerale. ____________ ________________

2. il compleanno: I Maratti festeggiano il *compleanno* di Adriana. ________________

3. l'insalata: L'*insalata* di radicchio è molto buona. ____________

4. il melone: Il prosciutto con *melone* è un ottimo antipasto. ________________

5. la minestra: La signora Maratti vuole la *minestra* in brodo e il pollo arrosto. ________________________

6. la salsa verde: Il bollito con la *salsa verde* è veramente buono. ________________

7. la salute: Tutti brindano alla *salute* di Adriana. ____________

8. i tortellini: I *tortellini* alla bolognese e il fritto misto sono molto buoni. ________________________________

9. ordinare: Quando andiamo al ristorante *ordiniamo* sempre vino bianco della casa. _________________

10. scegliere: Adriana *sceglie* il bozzetto di De Chirico come il più originale. _________________

11. fare bene: L'acqua minerale *fa bene* alla salute. _______________

12. fare male: L'acqua gassata *fa male* alla signora Maratti. _________________

13. rendersi conto: Adriana non *si rende conto* che oggi è il suo compleanno. _________________

PART II

A. *Rephrase each statement as in the example. Then repeat the answer.*

Esempio Non posso parlargli. *Ma gli parlerei volentieri.*

1. ..... 2. ..... 3. ..... 4. ..... 5. ..... 6. .....

B. *Following the example, restate each sentence using the conditional. Then repeat the answer.*

Esempio Non può uscire di casa. *Ma uscirebbe volentieri.*

1. ..... 2. ..... 3. ..... 4. ..... 5. ..... 6. .....

C. *Following the example, ask your friend whether he or she would have gladly done what is mentioned. Then repeat the question.*

Esempio Non hai parlato a Giorgio. *Ma gli avresti parlato volentieri?*

1. ..... 2. ..... 3. ..... 4. ..... 5. ..... 6. .....

D. *Following the example, change the verb to the conditional perfect. Then repeat the answer.*

Esempio Sono partiti. *Ma non sarebbero partiti domani.*

1. ..... 2. ..... 3. ..... 4. .....

E. *Rephrase each sentence as in the example. Then repeat the answer.*

Esempio Mario arriverà alle sette. *Ha detto che sarebbe arrivato alle set*

1. ..... 2. ..... 3. ..... 4. ..... 5. ..... 6. .....

F. *Answer each question using the appropriate object pronoun where necessary. Then repeat the answer.*

Esempio Hai visto il film? *No, non ho potuto vederlo.*

1. ..... 2. ..... 3. ..... 4. ..... 5. ..... 6. .....

G. *Rephrase each sentence as in the example. Then repeat the answer.*

Esempio Non abbiamo studiato le lezioni. *Ma avremmo dovuto studiarle.*

1. ..... 2. ..... 3. ..... 4. .....

H. *Change each noun phrase to the plural. Then repeat the answer.*

Esempio la biblioteca centrale *le biblioteche centrali*

1. ..... 2. ..... 3. ..... 4. ..... 5. ..... 6. .....

PART III

A. Comprensione

The following brief passage will be read twice. Listen carefully, then circle the letter of the correct answer to each question. Repeat the response after the speaker.

1. a. Abbiamo festeggiato il compleanno di mia madre.

   b. Abbiamo festeggiato il compleanno mio.

   c. Abbiamo festeggiato il compleanno di mio padre.

NAME________________________________DATE________________CLASS_____________

2. a. L'hanno portata in Italia.

   b. L'hanno portata a un ristorante famoso.

   c. L'hanno portata a casa.

3. a. Hanno visto un film

   b. Hanno visto degli amici.

   c. Hanno visto una mostra.

B. Formazione delle frasi

Choose the appropriate verb for each space, saying the entire sentence. Then repeat the response after the speaker.

avrei telefonato, inviterei, sarei arrivato, sarebbe venuto

1. Lo .... volentieri, ma è andato in Italia.

2. Ti ho detto che ti .... stasera.

3. Ha telefonato per dire che ....

4. .... più presto, ma il treno era in ritardo.

C. Coppie

After you hear the phrase from the left column, choose the word in the right column that best completes it, saying the entire phrase. Then repeat the response after the speaker.

Esempio la salsa *la salsa verde*

1. la minestra	a. di radicchio
2. il fritto	b. arrosto
3. l'acqua	c. in brodo
4. il prosciutto	d. misto
5. il pollo	e. minerale
6. l'insalata	f. con melone

NAME______________________________ DATE_____________ CLASS___________

24

PART I

A. Dialogo: Tutti i gusti son gusti

Listen to the complete dialog. Then listen again and repeat each sentence after the speaker, attempting to act out each part.

Adriana e Marina sono davanti a un grande cartellone pubblicitạrio che annụnzia le ọpere che si daranno al Teatro Comunale questa stagione.

Marina: Sai che io non ho mai visto un'ọpera?
Adriana: Dici sul sẹrio? Com'è possịbile?
Marina: Veramente non so: un po' per pigrịzia, un po' per mancanza d'interesse. Mio padre è appassionato dell'ọpera e mi ci avrebbe anche portato.
Adriana: I tempi cạmbiano. Una volta, per lo meno nelle grandi città, si andava all'ọpera spesso.
Marina: Be', i gusti cạmbiano, ma anche oggi molti vanno all'ọpera.
Adriana: Ma, per lo meno, ti piacerà la mụsica, spero.
Marina: Certo che mi piace, specialmente quella moderna, la mụsica americana, il jazz, il rock...
Adriana: Senti, perchè non andiamo all'ọpera insieme?
Marina: Dipende. Quale?
Adriana: Guarda, il 21 si dà *Un Ballo in Mạschera* di Verdi, e il 23 *La Bohème* di Puccini.
Marina: Quale preferisci?
Adriana: Sono tutt'e due grandi ọpere.
Marina: Chi canta nel *Ballo in Mạschera?*
Adriana: Vediamo. Ah, c'è Luciano Pavarotti, un gran tenore, e Renata Scotto, anche lei una grand'artista.
Marina: Sei prọprio una grande appassionata dell'ọpera. Ma non ti piace anche la mụsica moderna?
Adriana: Non molto. Dụnque, vieni con me al *Ballo in Mạschera?*
Marina: Ci vengo, se tu vieni con me al concerto di musica rock del gruppo americano che viene a Firenze il mese prọssimo.
Adriana: Va bene, accetto.
Marina: Accetto anch'io.

B. Domande

Answer in complete sentences.

Esempio Dove sono Adriana e Marina?
Adriana e Marina sono davanti a un grande cartellone pubblicitario.

1. Di che cosa è appassionato il padre di Marina?

    ....

2. Come si chiama il tenore che canterà nel *Ballo in Maschera*?

    ....

3. Chi viene a Firenze il mese prossimo?

    ....

C. Vocabolario

Repeat each word or expression after the speaker. Then repeat the sentence that illustrates its meaning. Next, write out its meaning in English. Check your answers in the text.

1. il cartellone: Adriana e Marina guardano un *cartellone* pubblicitario.

    ____

2. l'interesse: Adriana ha un'*interesse* nella musica di Verdi.

    ____

3. la pigrizia: Un po' per *pigrizia*, Marina non ha mai visto un'opera.

    ____

4. la stagione: La mia *stagione* preferita è la primavera. __________

5. annunziare: Il cartellone *annunzia* le opere che si daranno questa stagione. ______________

6. dipendere: Verrò al concerto, ma *dipenderà* da che tipo di musica ci sarà. ________________

7. sperare: *Spero* che ti piacerà la musica jazz. __________________

8. per lo meno: Una volta, *per lo meno* nelle grandi città, si andava all'opera spesso. ________________

9. va bene: Ci vediamo alle sei stasera, *va bene*? ________________

PART II

A. *Change each statement to a more general form by using the impersonal pronoun* si. *Then repeat the answer.*

Esempio Molta gente parla troppo. *Si parla troppo.*

1. ..... 2. ..... 3. ..... 4. ..... 5. ..... 6. .....

B. *Make each of the following plural. Then repeat the answer.*

Esempio Si canta la canzone. *Si cantano le canzoni.*

1. ..... 2. ..... 3. ..... 4. ......

C. *Change each sentence to the passive as in the example.*

Esempio La madre lava la camicia. *La camicia è lavata dalla madre.*

1. ..... 2. ..... 3. ..... 4. .....

D. *Answer each question saying that what is mentioned has been done recently. Use the passive form. Then repeat the answer.*

Esempio Quando hanno costruito la casa? *È stata costruita recentemente.*

1. ..... 2. ..... 3. ...... 4. .....

E. *Change each sentence to the passive. Then repeat the answer.*

Esempio Giuseppe Verdi ha composto *Un Ballo in Maschera.*
Un Ballo in Maschera *è stato composto da Giuseppe Verdi.*

1. ..... 2. ..... 3. ..... 4. ..... 5. ..... 6. .....

F. *Add the appropriate form of* grande *to each statement as in the example. Then repeat the answer.*

Esempio   Bernini era un artista.   *Bernini era un grand'artista.*

1. .....   2. .....   3. .....   4. .....

G. *Say that you have seen the church of each saint mentioned. Then repeat the answer.*

Esempio   Pietro   *Ho visto la chiesa di San Pietro.*

1. .....   2. .....   3. .....   4. .....

H. *Form the plural of each sentence. Then repeat the answer.*

Esempio   Mara ha un gusto difficile.   *Mara ha dei gusti difficili.*

1. .....   2. .....   3. .....   4. .....

PART III

A. Comprensione

The following brief passage will be read twice. Listen carefully, then circle the letter of the correct answer to each question. Repeat the response after the speaker.

1. a. Il jazz le piace molto.

   b. L'opera le piace molto.

   c. Il rock and roll le piace molto.

2. a. L'ha visto più di dieci volte.

   b. L'ha visto due volte.

   c. L'ha visto una volta.

3. a. Gli piace molto l'opera.

   b. Gli piace molto il jazz.

   c. Gli piace molto il rock.

NAME________________________________DATE______________CLASS____________

B. Formazione delle frasi

Change each sentence below to the passive form. Then repeat each response after the speaker.

Esempio Gino ha letto il libro. *Il libro è stato letto da Gino.*

1. Giovanni ha lavato i piatti.

   ....

2. Maria leggerà il libro.

   ....

3. Michelangelo ha scolpito il David.

   ....

4. Gino lava la camicia.

   ....

C. Coppie

After you hear the sentence from the left column, choose its corresponding sentence from the right column. Then repeat the response after the speaker.

Esempio In Italia la gente legge molto.
In Italia si legge molto.

1. Votiamo in tutte le elezioni.
2. Quando abbiamo sonno, dormiamo.
3. In Italia la gente canta canzoni belle.
4. In Italia la gente parla italiano.
5. Dicono che verrà.
6. Compriamo le riviste all'edicola.

a. Si dice che verrà
b. Si comprano le riviste all'edicola.
c. In Italia si parla italiano.
d. Si vota in tutte le elezioni.
e. Quando si ha sonno, si dorme.
f. In Italia si cantano canzoni belle.

NAME______________________________ DATE_______________ CLASS____________

25

PART I

A. Dialogo: Sul Ponte Vecchio

Listen to the complete dialog. Then listen again and repeat each sentence after the speaker, attempting to act out each part.

Un signore di Bari è entrato in una gioielleria sul Ponte Vẹcchio per comprare un regalo per sua madre e mentre guarda vari gioielli parla con l'orẹfice.

Cliente: Ha mai pensato di cambiare mestiere?
Orẹfice: Lei scherza!
Cliente: Perchè?
Orẹfice: Nella mia famịglia siamo sempre stati orẹfici.
Cliente: Sempre?
Orẹfice: Be', quasi. Bastiano Signorini, un mio antenato, aprì una bottega a Firenze nel 1749 e fondò la Casa Signorini nel 1774.
Cliente: E Lei quando ha cominciato a fare l'orẹfice?
Orẹfice: Cominciai a lavorare in bottega quando avevo ụndici anni e presi la direzione degli affari quando morì mio padre sei anni fa.
Cliente: La bottega è sempre stata quị sul Ponte Vẹcchio?
Orẹfice: Sempre. Il negọzio quị e la bottega su, al primo piano.
Cliente: Quante botteghe ci sono sul Ponte Vẹcchio?
Orẹfice: Non so con precisione. Direi una cinquantina.
Cliente: Tutte antiche?
Orẹfice: Non tutte, ma la maggiọr parte. Alcune risạlgono al Rinascimento, ai tempi di Cellini. Ma ormai l'artigianato tende a scomparire in Itạlia. L'indụstria ha cambiato tante cose e a volte penso che andiamo di male in pẹggio.
Cliente: Ha figli Lei?
Orẹfice: Sì, uno.
Cliente: Suo fịglio ha intenzione di continuare la tradizione della famịglia?

Orefice:	È meglio non parlarne. Ha dodici anni ora e gl'interessa soltanto lo sport e la musica rock.
Cliente:	Ritorniamo al regalo per mia madre quando torno a Bari...
Orefice:	Mi lasci aprire questa scatola...
Cliente:	Con la Sua storia affascinante degli orefici di Ponte Vecchio dimenticavo perchè sono entrato qui.
Orefice:	Le consiglio quest'anello; un piccolo capolavoro.
Cliente:	O forse andrebbe meglio uno di questi orologi con il topolino.
Orefice:	Al signore piace scherzare. Li tengo per i turisti. Non sono opere d'arte, ma dobbiamo contentare tutti.

B. Domande

Answer in complete sentences.

Esempio Chi è entrato nella gioielleria?
Un signore di Bari è entrato nella gioielleria?

1. Per chi vuole comprare un regalo il signore di Bari?

   ....

2. Dov'è la gioielleria?

   ....

3. Quanti figli ha l'orefice?

   ....

C. Vocabolario

Repeat each word or expression after the speaker. Then repeat the sentence that illustrates its meaning. Next, write out its meaning in English. Check your answers in the text.

1. l'affare: L'orefice prese la direzione degli *affari* sei anni fa.

   ____

2. l'anello: Il signore compra un *anello* per sua madre. ____________

3. l'antenato: Un *antenato* dell'orefice aprì la bottega nel 1749.

   ____

4. il mestiere: L'orefice non ha mai pensato di cambiare *mestiere*.

____

5. Il piano: La nostra famiglia abita al terzo *piano*. ___________

6. la scatola: L'orefice apre tante *scatole* di gioielli. _________

7. il topolino: Il cliente non compra un orologio con il *topolino*.

____

8. fondare: Bastiano Signorini *fondò* la Casa Signorini nel 1774.

____

9. lasciare: Forse *ho lasciato* le mie dispense a casa. ___________

10. scomparire: L'artigianato oggi tende a *scomparire*. ___________

11. andare di male in peggio: I miei affari *vanno di male in peggio*.

____

PART II

A. *Following the example, say that the other one is better. Then repeat the answer.*
Esempio Questo autore è buono. *Ma quell'altro è migliore.*

1. ..... 2. ..... 3. ..... 4. ..... 5. ..... 6. .....

B. *Following the example, say that the other one is worse. Then repeat the statement.*

Esempio Questo libro non è buono. *Ma quell'altro è peggiore.*

1. ..... 2. ..... 3. ..... 4. ..... 5. ..... 6. .....

C. *Following the example, say that what is mentioned is the best of all. Then repeat the answer.*

Esempio   Questo libro è buono.   *È il migliore di tutti.*

1. .....   2. .....   3. .....   4. .....   5. .....   6. .....

D. *Following the example, say that the other person does each thing better. Then repeat the answer.*

Esempio   Questo autore scrive bene.   *Ma quello scrive meglio.*

1. .....   2. .....   3. .....   4. .....

E. *Following the example, say that the other persons do each thing worse. Then repeat the answer.*

Esempio   Questi autori scrivono male.   *Ma quelli scrivono peggio.*

1. .....   2. .....   3. .....   4. .....

F. *Put the verb of each sentence into the past absolute as in the example. Then repeat the answer.*

Esempio   Il professore ha spiegato la lezione due volte.
Il professore spiegò la lezione due volte.

1. .....   2. .....   3. .....   4. .....

G. *Put the verb of each sentence into the past absolute as in the example. Then repeat the answer.*

Esempio   Umberto Eco ha scritto quel libro.   *Umberto Eco scrisse quel libro.*

1. .....   2. .....   3. .....   4. .....   5. .....   6. .....

H. *Use* perchè *to ask the question that would elicit each response. Then repeat the answer.*

Esempio   L'opera che si sente a Milano è la migliore.
Perchè è la migliore?

1. .....   2. .....   3. .....   4. .....

NAME________________________________ DATE_______________ CLASS____________

I. *Put each sentence into the plural. Then repeat the answer.*

Esempio Ecco il teatro famoso. *Ecco i teatri famosi.*

1\. ..... 2. ..... 3. ..... 4. ..... 5. ..... 6. .....

PART III

A. Comprensione

The following brief passage will be read twice. Listen carefully, then circle the letter of the correct answer to each question. Repeat the response after the speaker.

1. a. Il regalo costa un po' troppo.

   b. L'orologio costa un po' troppo.

   c. Il negozio costa un po' troppo.

2. a. L'anello è proprio un capolavoro.

   b. L'orologio è proprio un capolavoro.

   c. Il regalo è proprio un capolavoro.

3. a. Perchè non ha soldi.

   b. Perchè non ha tempo.

   c. Perchè non ha pazienza.

B. Formazione delle frasi

Choose the appropriate verb for each space, saying the entire sentence. Then repeat the response after the speaker.

lavorò, lessi, scrisse, nacque

1. Dante .... *La Divina Commedia.*

2. Michelangelo .... a Roma per molti anni.

3. Quel libro lo .... molti anni fa.

4. In che anno .... Galileo?

C. Coppie

After you hear the expression from the left column, choose the corresponding expression from the right column. Then repeat the response after the speaker.

Esempio   più buono   *migliore*

1. più cattivo   a. il peggiore

2. il più grande   b. peggiore

3. il più piccolo   c. maggiore

4. il più cattivo   d. il maggiore

5. più grande   e. il minore

NAME________________________________DATE_______________CLASS____________

26

PART I

A. Dialogo: Una manifestazione politica

Listen to the complete dialog. Then listen again and repeat each sentence after the speaker, attempting to act out each part.

L'avvocato Bertini e l'ingegner Frugoni stanno camminando per Corso Italia a Milano. Sono ansiosi di arrivare in tempo a una seduta della direzione della Società Lombarda di Autotrasporti. Tutto ad un tratto, arrivando in Piazza del Duomo, l'ingegner Frugoni si ferma. In piazza ci sono molte persone, molte con un manifesto in mano.

Bertini: Che c'è? Che succede?
Frugoni: Non lo so.
Bertini: Guarda, c'è la polizia.
Frugoni: Dev'essere una manifestazione politica per le elezioni comunali. Questa dev'essere del partito socialista.
Bertini: Poi ci sarà quella del partito liberale, del repubblicano, eccetera. Proprio come le manifestazioni che ci furono qualche anno fa.
Frugoni: Già; in Italia siamo ricchi di partiti politici.
Bertini: E di manifestazioni, di scioperi, e di tante altre belle cose che ci ha portato l'industrializzazione.
Frugoni: Eppure, vedi, malgrado l'irrequietezza politica, l'Italia ha una sua stabilità.
Bertini: Sarà! Ma la guerra è finita da quasi quarant'anni e ancora cambiamo governo quasi ogni anno.
Frugoni: Oggi i governi cambiano spesso perchè l'opinione pubblica cambia più spesso. Per me è una prova che un governo democratico può funzionare.
Bertini: Sì, ma non molto bene... Guarda, sarà meglio cambiare strada. Andando di qui arriveremo tardi.
Frugoni: A che ora comincia la seduta?
Bertini: Alle cinque.
Frugoni: Guarda che girando qui a sinistra risparmieremo dieci minuti.
Bertini: Dicono che la seduta di oggi sarà difficile.
Frugoni: Molto. Sono cinque anni che lavoro per la società e non ho mai visto tante difficoltà.

Bertini: Sei proprio un pessimista oggi.
Frugoni: Al contrario, sono un ottimista ma anche un realista.
Bertini: Sai che? Il sole scotta, io mi levo la giacca.
Frugoni: Anch'io. Io sto sudando.

B. Domande

Answer in complete sentences.

Esempio Dove stanno camminando Bertini e Frugoni?
Bertini e Frugoni stanno camminando per Corso Italia a Milano.

1. Di che cosa è ricca l'Italia?

....

2. Perchè cambiano spesso i governi oggi?

....

3. Come sarà la seduta di oggi?

....

C. Vocabolario

Repeat each word or expression after the speaker. Then repeat the sentence that illustrates its meaning. Next, write out its meaning in English. Check your answers in the text.

1. l'avvocato: Bertini è un *avvocato*, non un ingegnere. ____________
2. la giacca: Quando fa troppo caldo, mi levo la *giacca*. ____________
3. la guerra: La *guerra* è finita da quasi quarant'anni. ____________
4. l'industrializzazione: L'*industrializzazione* ha portato le manifestazioni politiche e gli scioperi.

   ____
5. la polizia: La *polizia* è alla manifestazione politica. ____________
6. la prova: Secondo me, questa è una *prova* che un governo democratico può funzionare. ____________
7. la società: Mio padre lavora per una *società* di auto-trasporti.

   ____
8. la strada: Corso Italia è una *strada* grande. ____________

9. ansioso: I due signori sono *ansiosi* di arrivare in tempo a una seduta. ____________

10. ottimista: Frugoni è un *ottimista*, non un pessimista. ____________

11. girare: *Girando* a sinistra, i due hanno risparmiato dieci minuti. ____________

12. scottare: A mezzogiorno d'estate il sole *scotta*. ____________

13 succedere: Perchè c'è la polizia? Che cosa *succede*? ____________

14. sudare: Quando fa troppo caldo, io *sudo* tanto. ____________

15. malgrado: *Malgrado* l'irrequietezza politica, l'Italia ha una sua stabilità. ____________

16. nel frattempo: Domani studierò per l'esame; *nel frattempo* guardo la partita alla TV. ____________

17. tutto ad un tratto: *Tutto ad un tratto*, l'ingegner Frugoni si ferma. ____________

PART II

A. *Answer each question affirmatively using the progressive tense. Then repeat the answer.*

Esempio Leggi? *Sì, sto leggendo.*

1. ..... 2. ..... 3. ..... 4. ..... 5. ..... 6. .....

B. *Rephrase each statement using the gerund. Then repeat the answer.*

Esempio Studia e allora capisce di più. *Studiando capisce di più.*

1. ..... 2. ..... 3. ..... 4. .....

C. *In a similar way, rephrase each statement using the gerund. Then repeat the answer.*

Esempio Mentre uscivano, hanno incontrato Mario.
Uscendo, hanno incontrato Mario.

1. ..... 2. ..... 3. ..... 4. .....

D. *Following the example, answer each question using* passato remoto. *Then repeat the answer.*

Esempio Canta ancora le canzoni napoletane?
No, ma ne cantò parecchie tanto tempo fa.

1. ..... 2. ..... 3. ..... 4. .....

E. *Repeat each statement using the past absolute. Then repeat the answer.*

Esempio Le guerra è finita nel 1945. *La guerra finì nel 1945.*

1. ..... 2. ..... 3. ..... 4. .....

F. *Use the appropriate form of* quale *to ask the question that would elicit each response. Then repeat the question.*

Esempio Mario ha comprato un quadro moderno.
Quale quadro ha comprato?

1. ..... 2. ..... 3. ..... 4. .....

G. *Repeat each statement using the past absolute. Then repeat the answer.*

Esempio Suo nonno è venuto in America nel 1898.
Suo nonno venne in America nel 1898.

1. ..... 2. ..... 3. ..... 4. .....

H. *Change each noun phrase to the plural. Then repeat the answer.*

Esempio la bottega moderna *le botteghe moderne*

1. ..... 2. ..... 3. ..... 4. ..... 5. ..... 6. .....

7. .....

NAME______________________________DATE______________CLASS____________

PART III

A. Comprensione

The following brief passage will be read twice. Listen carefully, then circle the letter of the correct answer to each question. Repeat the response after the speaker.

1. a. Vanno a casa.

   b. Vanno a una manifestazione.

   c. Vanno a un bar.

2. a. Discutono di politica.

   b. Discutono di musica.

   c. Discutono di poesia.

3. a. Bevono latte.

   b. Bevono vino.

   c. Bevono caffè.

B. Formazione delle frasi

Use the gerund to combine each pair of sentences below. Then repeat the response after the speaker.

Esempio Leggono. Imparano tanto. *Leggendo, imparano tanto.*

1. Corrono rapidamente. Arriveranno presto.

   ....

2. Aspettava l'architteto. Fumò una sigaretta.

   ....

3. Scherzava. Diceva la verità.

   ....

4. La guardavo. l'ho riconosciuta.

....

C. Coppie

After you hear the expression from the left column, choose its corresponding expression from the right column. Then repeat the response after the speaker.

Esempio   ho fatto   *feci*

1. ha voluto	a. fecero
2. mentre aspettavo	b. volle
3. aspettavo	c. aspetteranno
4. ho aspettato	d. aspettando
5. forse aspettano	e. stavo aspettando
6. hanno fatto	f. aspettai

NAME______________________________DATE______________CLASS___________

27

PART I

A. Dialogo: Visita a un podere

Listen to the complete dialog. Then listen again and repeat each sentence after the speaker, attempting to act out each part.

Un uomo d'affari milanese sta parlando col proprietạrio d'un pịccolo podere in Ụmbria.

Agricoltore: È un pịccolo podere; ormai sono solo.
Ọspite: Cosa coltiva?
Agricoltore: Ho un pịccolo orto, degli ạlberi da frutta, e il resto è tutta uva. Cosa vuole, non posso fare molto da solo.
Ọspite: Non ha figlioli?
Agricoltore: Sì, quattro maschi; ma si sono trasferiti tutti in città.
Ọspite: A cercare lavoro nelle fạbbriche?
Agricoltore: Eh, sì! Uno è a Torino, due a Milano e uno a Bologna.
Ọspite: Guadạgnano bene?
Agricoltore: Be', insomma, diciamo che guadạgnano abbastanza bene per tirare avanti.
Ọspite: Allora perchè i giọvani lạsciano le campagne?
Agricoltore: Perchè se in città guadạgnano poco, cosa crede che guadạgnino quị? Niente.
Ọspite: E così la campagna diventa un deserto.
Agricoltore: Purtroppo. Quị a Frattaroli una volta c'ẹrano più di trecento persone. Quante crede che ce ne sịano oggi?
Ọspite: Non so; duecento?
Agricoltore: Magari! Soltanto cinquantaquattro e siamo tutti vecchi.
Ọspite: A propọsito, non credo di averLe spiegato la ragione della mia vịsita.
Agricoltore: No; mi dica.
Ọspite: Cerco una vẹcchia fattoria per un noto chirurgo di Milano.
Agricoltore: Per un chirurgo di Milano? Che ne vuole fare?
Ọspite: Vorrebbe convertirla in una villa. La Sua fattoria mi sembra ideale.
Agricoltore: Il mio podere? La mia casa?

Ospite: Se Le interessa posso farLe un'ottima offerta.
Agricoltore: Ma neanche per sogno! Vuole che abbandoni la mia casa? Alla mia età? Dove andremmo io e mia moglie? Cosa faremmo?
Ospite: Ci pensi. Ripasserò fra un paio di settimane.
Agricoltore: No, è inutile che ripassi. In questa casa sono nato e in questa casa intendo morire.

B. Domande

Answer in complete sentences.

Esempio Con chi sta parlando l'uomo milanese?
L'uomo milanese sta parlando col proprietario d'un piccolo podere.

1. Dove sono andati i figli dell'agricoltore?

....

2. Cosa diventa la campagna?

....

3. Quando ripasserà l'ospite?

....

C. Vocabolario

Repeat each word or expression after the speaker. Then repeat the sentence that illustrates its meaning. Next, write out its meaning in English. Check your answers in the text.

1. l'albero: L'agricoltore ha un piccolo orto con tanti *alberi* da frutta. ______________

2. il chirurgo: Un noto *chirurgo* vuole comprare una villa. ______________

3. la fabbrica: Tutti i suoi figli sono in città a cercare lavoro nelle *fabbriche*. ______________

4. la fattoria: L'agricoltore preferisce restare a lavorare nella sua *fattoria*. ______________

5. il giovane: I *giovani* oggi lasciano le campagne. ______________

6. l'offerta: L'ospite ha fatto un'*offerta* al proprietario. ______________

7. l'uva: L'agricoltore coltiva *l'uva*. ______________

8. inutile: È *inutile* che l'ospite ripassi perchè l'agricoltore non vuole vendere la sua fattoria. ______________

9. diventare: La campagna *sta diventando* un deserto. ______________

10. guadagnare: In città *si guadagna* abbastanza bene per tirare avanti. ______________

11. spiegare: L'ospite non *ha spiegato* bene la ragione per la sua visita. ______________

12. trasferirsi: Tutti i suoi figli *si sono trasferiti* in città. ______________

PART II

A. *Finish each sentence by saying that your parents want you to do more of what is mentioned. Then repeat the answer.*

Esempio Parlo poco, *ma i miei genitori vogliono che io parli di più.*

1. ..... 2. ..... 3. ..... 4. .....

B. *Answer each question as in the example. Then repeat the answer.*

Esempio Scrivono? *Credo che scrivano ancora.*

1. ..... 2. ..... 3. ..... 4. .....

C. *Answer each question as in the example. Then repeat the answer.*

Esempio Dorme bene? *Dubito che dorma bene.*

1. ..... 2. ..... 3. ..... 4. ..... 5. ..... 6. .....

D. *Someone says something. You say that it is better not to do what is suggested now. Then repeat the answer.*

Esempio Voglio uscire subito. *È meglio che tu non esca ora.*

1. ..... 2. ..... 3. ..... 4. ..... 5. ..... 6. .....

E. *Answer each question according to the example. Use the appropriate pronoun. Then repeat the answer.*

Esempio Ha venduto quella macchina? *È possibile che l'abbia già venduta.*

1. ..... 2. ..... 3. ..... 4. ..... 5. ..... 6. .....

F. *Respond to each statement saying that you believe the opposite. Then repeat the answer.*

Esempio Dicono che il cantante non è bravo.
Io credo invece che sia molto bravo.

1. ..... 2. ..... 3. ..... 4. .....

G. *Answer each question by saying that we all are afraid the thing mentioned has really happened. Then repeat the answer.*

Esempio Sono arrivati tardi? *Abbiamo paura che siano arrivati tardi.*

1. ..... 2. ..... 3. ..... 4. .....

H. *Change each noun phrase to the plural. Then repeat the answer.*

Esempio uno sciopero generale *degli scioperi generali*

1. ..... 2. ..... 3. ..... 4. ..... 5. ..... 6. .....

7. ..... 8. .....

NAME________________________________DATE_______________CLASS____________

PART III

A. Comprensione

The following brief passage will be read twice. Listen carefully then circle the letter of the correct answer to each question. Repeat the response after the speaker.

1. a. Vorrebbe comprare un televisore.

   b. Vorrebbe comprare una casa.

   c. Vorrebbe comprare un biglietto.

2. a. Crede che sia una casa ideale.

   b. Crede che sia uno sbaglio.

   c. Crede che non sia vero.

3. a. Dubita che sia vero.

   b. Dubita che il suo amico arrivi in ritardo.

   c. Dubita che il suo amico abbandoni Venezia.

B. Formazione delle frasi

Choose the appropriate verb for each space, saying the entire sentence. Then repeat the response after the speaker.

spieghi, capisca, studiare, sia partito

1. Dubito che tu ....

2. Vuole che io le .... la lezione.

3. Non è possibile che lui .... già.

4. È importante .... molto.

C. Coppie

After you hear the beginning of the sentence from the left column, choose the part from the right column that completes the sentence, saying the entire sentence. Then repeat the response after the speaker.

Esempio Credo che *Credo che piova.*

1. Desidero	a. parlargli.
2. Ho paura che	b. gli studenti studino.
3. Voglio	c. parlare correttamente.
4. È necessario che	d. vederti in Italia.
5. È importante	e. lui abbia già venduto la casa.
6. Speriamo di	f. riposarmi.

NAME______________________DATE____________CLASS____________

28

PART I

A. Dialogo: Gl'Italo-Americani

Listen to the complete dialog. Then listen again and repeat each sentence after the speaker, attempting to act out each part.

Bob, lo studente ịtalo-americano che stụdia all'Università per Stranieri, ha cenato con alcuni amici italiani a casa di Giovanni. Ora stanno parlando dell'Amẹrica, dell'Itạlia e degl' Ịtalo-Americani, mentre gụstano un bicchierino di liquore.

Giovanni: Quanti abitanti di orịgine italiana credi che ci sịano negli Stati Uniti?

Bob: Secondo l'ụltimo censimento sembra che il nụmero sia di circa dodici milioni. Però, se contiamo anche quelli che sono solo in parte di orịgine italiana, mi sembra che il nụmero raggiunga circa venti milioni.

Andrea: Dove vịvono per lo più?

Bob: Sebbene la maggiọr parte sịano ancora nelle grandi città, oggi si trọvano un po' dappertutto. Verso la fine dell'Ottocento e al princịpio del Novecento, quando l'emigrazione era molto intensa, gli emigranti di sọlito si fermạvano nelle grandi città, specialmente dell'est.

Andrea: A New York?

Bob: Sì, e anche a Boston o a Chicago. Poi, a poco a poco, si sono dispersi in tutto il paese. È una stọria molto interessante; molto più che non si pensi in Itạlia.

Vanna: Lo credo. E i vecchi rioni italiani, le « Pịccole Itạlie », ci sono sempre?

Bob: Ormai tẹndono a scomparire. A New York c'è una « Little Italy », ma non è quella di una volta.

Vanna: E l'italiano contịnua ad ẹsser parlato tra gl'Ịtalo-Americani?

Bob: Direi di no. Sebbene molti Italiani sịano venuti negli Stati Uniti dopo la Seconda Guerra Mondiale, gl'Ịtalo-Americani ormai sono della terza e anche della quarta generazione e pochịssimi pạrlano italiano.

Giovanni: Che mestieri e che professioni esẹrcitano di sọlito?

Bob: Oggi sono in tutte le professioni, in tutti i mestieri: nelle arti, nel cịnema, nell'indụstria e nella polịtica. Naturalmente, anni fa, essendo gli ụltimi arrivati, e anche perchè non sapẹvano l'inglese, si dovẹvano contentare dei mestieri più ụmili.

Vanna: E stata scritta la storia dell'emigrazione italiana negli Stati Uniti?

Bob: Non una esauriente, ch'io sạppia. E ci sarebbe tanto da raccontare.

Andrea: E tu che ne pensi dell'Itạlia? Che impressione ti ha fatto?

Giovanni: Sì, pạrlacene un po'. Ma prima, un altro goccetto?

Bob: Sì, grạzie; dụnque, dicevo...

B. Domande

Answer in complete sentences.

Esempio Chi è Bob? *Bob è uno studente italo-americano.*

1. Quanti abitanti di origine italiana crede Bob che ci siano negli Stati Uniti?

....

2. Di che generazione sono ora gl'Italo-Americani?

....

3. Che professioni esercitano oggi gl'Italo-Americani?

....

C. Vocabolario

Repeat each word or expression after the speaker. Then repeat the sentence that illustrates its meaning. Next, write out its meaning in English. Check your answers in the text.

1. l'abitante: Quanti *abitanti* ci sono negli Stati Uniti?

   ____

2. l'emigrante: Gli *emigranti* di origine italiana sono dispersi in tutto il paese. ________________

3. il liquore: Gli amici gustano un bicchierino di *liquore*.

____

4. il rione: "Le Piccole Italie" sono i vecchi *rioni* italiani.

____

5. esauriente: Non c'è una storia *esauriente* dell'emigrazione italiana negli Stati Uniti. ________________

6. raggiungere: Il numero di emigranti *ha raggiunto* circa venti milioni.

____

7. vivere: Gl'Italo-Americani *vivono* un po' dappertutto. ____________

____

8. sebbene: *Sebbene* siano di origine italiana, non parlano più l'italiano. ________________

9. per lo più: Gli emigranti si fermavano, *per lo più*, nelle grandi città. ________________

PART II

A. *Answer each question saying that what is mentioned is the best ever. Then repeat the answer.*

Esempio Hai visto questo prodotto? *È il miglior prodotto che io abbia mai visto.*

1. ..... 2. ..... 3. ..... 4. ..... 5. ..... 6. .....

B. *Rephrase each statement using* sebbene. *Then repeat the answer.*

Esempio Comprerò il libro anche se costa troppo.
Comprerò il libro sebbene costi troppo.

1. ..... 2. ..... 3. ..... 4. .....

C. *Rephrase each statement using* purchè. *Then repeat the answer.*

Esempio   Ci andrò io solo se non ci va lui.
Ci andrò io purchè non ci vada lui.

1. ..... 2. ..... 3. ..... 4. .....

D. *Rephrase each statement using* perchè. *Then repeat the answer.*

Esempio   Parlano forte; così li sento.
Parlano forte perchè io li senta.

1. ..... 2. ..... 3. ..... 4. .....

E. *Rephrase each statement using* affinchè. *Then repeat the answer.*

Esempio   Il professore spiega la lezione lentamente. Gli studenti la capiscono. *Il professore spiega la lezione lentamente affinchè gli studenti la capiscano.*

1. ..... 2. ..... 3. ..... 4. .....

F. *Express each century with the alternative form, as in the example. Then repeat the answer.*

Esempio   il Duecento   *il secolo tredicesimo*

1. ..... 2. ..... 3. ..... 4. .....

G. *Answer each question by saying that the person or thing mentioned is rather small. Then repeat the answer.*

Esempio   È un ragazzo grande?   *No, è un ragazzetto.*

1. ..... 2. ..... 3. ..... 4. .....

H. *Change each sentence to the plural. Then repeat the answer.*

Esempio   Ecco il giornale francese   *Ecco i giornali francesi.*

1. ..... 2. ..... 3. ..... 4. ..... 5. ..... 6. .....

7. .....

NAME________________________________DATE_______________CLASS___________

PART III

A. Comprensione

The following brief passage will be read twice. Listen carefully, then circle the letter of the correct answer to each question. Repeat the response after the speaker.

1. a. È uno studente americano.

   b. È uno studente italo-americano.

   c. È uno studente italiano.

2. a. Preferisce i piccoli paesi.

   b. Preferisce le città.

   c. Preferisce l'America.

3. a. Perchè vuole imparare l'italiano.

   b. Perchè vuole vedere tutte le città.

   c. Perchè vuole capire meglio gl'Italiani.

B. Formazione delle frasi

Choose the appropriate word for each space, saying the entire sentence. Then repeat the response after the speaker.

affinchè, sebbene, più, purchè

1. È il libro .... interessante che io abbia letto.
2. Il professore spiega la lezione .... gli studenti capiscano.
3. Partiranno .... non piova.
4. Lo comprerò .... costi tanto.

C. Coppie

After the speaker says the item from the left column, choose its corresponding item from the right column. Then repeat the response after the speaker.

Esempio un ragazzo piccolo *un ragazzino*

1. una borsa piccola	a. un finestrone
2. il secolo diciassettesimo	b. il secolo diciannovesimo
3. una tavola piccola	c. il Novecento
4. l'Ottocento	d. il Seicento
5. una finestra grande	e. una borsetta
6. il secolo ventesimo	f. un tavolino

NAME______________________DATE______________CLASS__________

29

PART I

A. Dialogo: Il Milione

Listen to the complete dialog. Then listen again and repeat each sentence after the speaker, attempting to act out each part.

Un signore sta sfogliando un libro illustrato in una libreria. Il libraio si avvicina e gli dice:

Libraio: Credo che il signore voglia un libro per un regalo.
Signor Maratti: Un libro che possa interessare un giovane di vent'anni, un amico di famiglia.
Libraio: Abbiamo centinaia, anzi migliaia di libri in questo negozio. Ce ne sarà certamente uno che interesserà il Suo amico.
Signor Maratti: Che libro mi suggerisce?
Libraio: Be', vediamo un po'. Può darmi qualche indicazione più precisa? Un libro di fantascienza? *Il Viaggio verso Saturno,* o *Frankenstein Impazzito?*
Signor Maratti: No, no!
Libraio: Un romanzo? Un bestseller americano? Un giallo inglese?
Signor Maratti: Non credo. Gianni legge molto ed è al corrente delle novità.
Libraio: Forse un libro d'avventure?
Signor Maratti: Dio ce ne guardi! Gianni avrà centinaia di libri d'avventure, specialmente di quelli a fumetti.
Libraio: Forse la biografia di un famoso personaggio? Un libro di viaggi?
Signor Maratti: Ecco, un libro di viaggi potrebbe andare.
Libraio: Meno male. Ecco dei libri eccellenti: *La Russia da Vicino,* o *Attraverso gli Stati Uniti.*
Signor Maratti: No. Qualcosa di più esotico.
Libraio: Un classico? I viaggi di Cristoforo Colombo, di Amerigo Vespucci, di Verrazzano?
Signor Maratti: E questo cos'è? Ah, guarda, *Il Milione* di Marco Polo.
Libraio: Ma l'avrà letto.

Signor Maratti:	Non credo che l'abbia letto. Forse qualche brano in un'antologia.
Libraio:	Allora gli dia questa magnifica edizione. Le illustrazioni sono straordinarie.
Signor Maratti:	È un libro che si legge più d'una volta con interesse. Bene, lo prendo.
Libraio:	Vuole che le faccia un bel pacchetto?
Signor Maratti:	Sì, grazie.

B. Domande

Answer in complete sentences.

Esempio Che cosa sta facendo il signore?
Il signore sta sfogliando un libro illustrato.

1. Che cosa potrebbe andare?

....

2. Quali sono dei libri eccellenti?

....

3. Che libro compra il signor Maratti?

....

C. Vocabolario

Repeat each word or expression after the speaker. Then repeat the sentence that illustrates its meaning. Next, write out its meaning in English. Check your answers in the text.

1. il brano: Ho letto un *brano* di quel libro in un'antologia.

____

2. l'edizione: Questa è la seconda *edizione* del libro.

____

3. l'indicazione: Può darmi qualche *indicazione* più precisa?

____

NAME________________________________DATE________________CLASS__________

4. il libraio: Il *libraio* avrà centinaia di libri d'avventura.

____

5. la libreria: Ieri ho comprato quel libro esotico in quella *libreria* là. ________________

6. il pacchetto: Il libraio fa un bel *pacchetto* al signor Maratti.

____

7. straordinario: Le illustrazioni di questo libro sono veramente *straordinarie*. ________________

8. suggerire: Che libro mi *suggerisce*? ________________

9. essere al corrente: Gianni legge molto ed *è al corrente* delle novità. ________________

PART II

A. *Change each sentence to the plural. Then repeat the answer.*

Esempio C'era un centinaio di persone. *C'erano centinaia di persone.*

1. ..... 2. ..... 3. ..... 4. ..... 5. .....

B. *Change each noun phrase to the plural. Then repeat the answer.*

Esempio il mio libro *i miei libri*

1. ..... 2. ..... 3. ..... 4. .....

C. *Answer each question by saying you believe that what is asked cannot be done. Then repeat the answer.*

Esempio Si può fare? *Credo proprio che non si possa fare.*

1. ..... 2. ..... 3. ..... 4. ..... 5. ..... 6. .....

D. *Continue the pattern in the example, turning each statement into a "wish" subjunctive. Then repeat the answer.*

Esempio Sono già usciti. *Che escano, se vogliono.*

1. ..... 2. ..... 3. ..... 4. .....

E. *Rephrase each sentence as in the example. Then repeat the answer.*

Esempio È necessario che tu vada. *Devi andare.*

1. ..... 2. ..... 3. ..... 4. ..... 5. ..... 6. .....

F. *Respond to each statement as in the example. Then repeat the answer.*

Esempio Sarà già tornata. *Non penso che sia ancora tornata.*

1. ..... 2. ..... 3. ..... 4. .....

G. *Answer each question saying that you hope something will be done. Then repeat the answer.*

Esempio Cosa gli daranno per la festa del compleanno?
Spero che gli diano qualcosa.

1. ..... 2. ..... 3. ..... 4. .....

H. *Change each sentence to the plural. Then repeat the answer.*

Esempio Ti darò il libro rosso. *Ti darò i libri rossi.*

1. ..... 2. ..... 3. ..... 4. ..... 5. .....

PART III

A. Comprensione

The following brief passage will be read twice. Listen carefully; then circle the letter of the correct answer to each question. Repeat the response after the speaker.

NAME________________________ DATE____________ CLASS__________

1. a. Pensa che il libro sia un po' esotico.

   b. Pensa che il libro sia troppo caro.

   c. Pensa che il libro possa interessare sua figlia.

2. a. Vuole un libro di avventure.

   b. Vuole un giallo.

   c. Vuole un libro che possa interessare sua figlia.

3. a. Compra un libro di fantascienza.

   b. Compra un giallo inglese.

   c. Compra un libro di fumetti.

B. Formazione delle frasi

Choose the appropriate word for each space, saying the entire sentence. Then repeat the response after the speaker.

venga, sappiano, parta, dia

1. Che ...., se vuole.
2. Non credo che Giovanni .... alla festa.
3. Dubito che gli studenti .... bene questa lezione.
4. È necessario che tu .... il compito subito alla professoressa.

C. Coppie

After you hear the phrase from the left column, choose the part from the right column that completes it, saying the entire phrase. Then repeat the response after the speaker.

Esempio le labbra *le labbra di una persona*

1. le ossa	a. di uccelli
2. i labbri	b. delle persone
3. i bracci	c. di una ferita
4. le braccia	d. della croce
5. migliaia	e. della mano
6. le dita	f. di un corpo

NAME______________________________ DATE______________ CLASS____________

30

PART I

A. Dialogo: Bel tempo—24 gradi—niente smog

Listen to the complete dialog. Then listen again and repeat each sentence after the speaker, attempting to act out each part.

Francesco e Maria Pellegrini, che ạbitano a Los Angeles da più di vent'anni, sono andati all'aeroporto a prẹndere una loro nipote che viene dall'Itạlia. A un tratto la vẹdono fra i passeggeri che ẹscono dalla dogana.

Zia Maria: Renata, Renata, siamo quị, siamo quị!
Renata: Zia Maria, Zio Francesco...
Zio Francesco: Benvenuta in Amẹrica!
Zia Maria: Lạsciati guardare; come sei cresciuta!
Renata: Sono quattro anni che non ci vediamo.
Zio Francesco: Com'è andato il viạggio?
Renata: È stato lungo e noioso. Prọprio non credevo che la Califọrnia fosse così lontana.
Zio Francesco: Hai visto il Polo Nord?
Renata: Macchè! Era quasi bụio quando ci siamo passati vicino; non si vedeva altro che neve e ghiạccio.
Zia Maria: Quị a Los Angeles invece fa bel tempo: 75 gradi, o come dite voi 24 gradi centịgradi. E non c'è smog. Per una giornata di dicembre non c'è male.
Renata: Allora, come state? Mi sembrate in ọttima salute.
Zio Francesco: Sì, stiamo bene. Quanto bagạglio hai?
Renata: Tre valige e una borsa. A propọsito, tanti saluti da tutti.
Zia Maria: Grạzie. Allora andiamo. *(Si avvịano verso l'uscita dell'aeroporto.)*
Zio Francesco: Cosa ne pensi dell'Amẹrica?
Renata: Sono appena arrivata; non so cosa dire. Questo aeroporto somiglia un po' agli altri aeroporti che ho visto. Sono tutti sịmili.

Zio Francesco:	Vedrai che il resto è tutto diverso.
Renata:	Finalmente conoscerò l'America da vicino.
Zia Maria:	Ma due mesi non bastano.
Renata:	Se potessi, resterei anche un anno intero.
Zio Francesco:	Per noi, due mesi o un anno è lo stesso. Sta a te, noi siamo felicissimi di averti con noi.
Renata:	Bisogna che torni all'agenzia a Roma entro due mesi. Se avessi chiesto un anno di permesso, forse me lo avrebbero dato, ma ora è troppo tardi.
Zia Maria:	Credevo che tu potessi restare quanto volevi.
Renata:	No. Mi hanno dato due mesi perchè vogliono che impari meglio l'inglese.
Zia Maria:	Capisco. Ma tu l'hai studiato l'inglese, no?
Renata:	Quattr'anni. Se non l'avessi studiato, starei fresca!
Zio Francesco:	Ecco la nostra macchina.

B. Domande

Answer in complete sentences.

Esempio Dove abitano Francesco e Maria Pellegrini?
Francesco e Maria Pellegrini abitano a Los Angeles.

1. Com'è stato il viaggio di Renata?

....

2. Che cosa non credeva Renata?

....

3. Dove bisogna che torni Renata entro due mesi?

....

C. Vocabolario

Repeat each word or expression after the speaker. Then repeat the sentence that illustrates its meaning. Next, write out its meaning in English. Check your answers in the text.

1. l'aeroporto: I Pellegrini sono andati all'*aeroporto* a prendere una loro nipote dall'Italia. ________________

NAME________________________________DATE______________CLASS____________

2. il bagaglio: Per *bagaglio* Renata ha tre valige e una borsa.

____

3. la dogana: I passeggeri passano dalla *dogana*. _______________

4. il ghiaccio: Al Polo Nord non c'è altro che neve e *ghiaccio*.

____

5. buio: Era quasi *buio* quando Renata è passata vicino al Polo Nord.

____

6. felice: Gli zii sono *felici* di vedere la loro nipote.

____

7. crescere: Renata *è cresciuta* molto in quattro anni. _______________

8. stare a: *Sta a* Renata se vuole restare tanto tempo a Los Angeles.

____

9. stare fresco: Se non avesse studiato l'inglese, ora *starebbe fresca*.

____

PART II

A. *Say you believed the opposite was true. Then repeat the answer.*

Esempio Maria è bella. *Pensavo che fosse brutta!*

1. ..... 2. ..... 3. ..... 4. .....

B. *Respond to each statement as in the example. Then repeat the answer.*

Esempio Parlavano italiano. *Era contento che parlassero italiano.*

1. ..... 2. ..... 3. ..... 4. .....

C. *Say that if you could do certain things you would. Then repeat the answer.*

Esempio Non posso uscire. *Ma se potessi, uscirei.*

1. ..... 2. ..... 3. ..... 4. .....

D. *Respond by saying that the action in question could be done if it were possible. Then repeat the answer.*

Esempio Mi porti la valigia? *Te la porterei, se potessi.*

1. ..... 2. ..... 3. ..... 4. .....

E. *Using* Era bene che *answer each question as in the example. Then repeat the answer.*

Esempio Gli telefonavi? *Era bene che gli telefonassi.*

1. ..... 2. ..... 3. ..... 4. .....

F. *Begin each statement with* Non sapevano che, *making all necessary changes. Then repeat the answer.*

Esempio Aveva parlato italiano tutto il tempo.
Non sapevano che avesse parlato italiano tutto il tempo.

1. ..... 2. ..... 3. ..... 4. .....

G. *Rephrase each sentence using the subjunctive. Then repeat the answer.*

Esempio Non lavorava, allora non guadagnava.
Se avesse lavorato, avrebbe guadagnato.

1. ..... 2. ..... 3. ..... 4. ..... 5. ..... 6. .....

H. *Change each noun phrase to the plural. Then repeat the answer.*

Esempio Hanno venduto la casa vecchia. *Hanno venduto le case vecchie.*

1. ..... 2. ..... 3. ..... 4. .....

NAME________________________________DATE______________CLASS____________

PART III

A. Comprensione

The following brief passage will be read twice. Listen carefully; then circle the letter of the correct answer to each question. Repeat the response after the speaker.

1. a. Abitano a Los Angeles da quarant'anni.

   b. Abitano a Los Angeles da tre anni.

   c. Abitano a Los Angeles da trent'anni.

2. a. Non credeva quanto fosse lontana la California.

   b. Non credeva che i suoi zii l'aspettassero.

   c. Non credeva che l'aereo fosse arrivato.

3. a. L'ha lasciata in Italia.

   b. L'ha lasciata alla dogana.

   c. L'ha lasciata sull'aereo.

B. Formazione delle frasi

Choose the appropriate verb for each space, saying the entire sentence. Then repeat the response after the speaker.

avessi avuto, avessi, fossi andato, andassi

1. Se io .... fame, mangerei.
2. Se io .... fame, avrei mangiato.
3. Se tu .... a Roma, vedresti il Colosseo.
4. Se tu .... a Roma, avresti visto il Colosseo.

C. Coppie

After you hear the beginning of the sentence from the left column, choose the form of mangiare *from the right column that best completes it, saying the entire sentence. Then repeat the response after the speaker.*

Esempio   Sperava che   *Sperava che avessi già mangiato.*

1. Speravamo che	a. abbia mangiato tutto.
2. Se avesse avuto fame	b. mangi tutto.
3. Crescerai solo se	c. mangerai.
4. Quando eravamo in Italia	d. mangiavamo tanto.
5. Voglio che	e. avessero già mangiato.
6. Non è vero che Renata	f. avrebbe mangiato.

NAME______________________________DATE____________CLASS____________

31

PART I

A. Dialogo: Il vecchio emigrante

Listen to the complete dialog. Then listen again and repeat each sentence after the speaker, attempting to act out each part.

Adriana e Gianni stanno attraversando in fretta una piazza.

Adriana: Sbrigati.
Gianni: Perchè tanta fretta?
Adriana: Voglio vedere Salvatore Scaccia.
Gianni: Chi è?
Adriana: Come chi è? Di' un po', non leggi i giornali?
Gianni: Raramente. Non portano altro che brutte notizie.
Adriana: Se tu li leggessi, sapresti che Salvatore Scaccia è un vecchio emigrante appena tornato dall'America.
Gianni: E che vuol dire? Tanti emigranti tornano dall'America.
Adriana: Ma Salvatore Scaccia è speciale, è una leggenda.
Gianni: Perchè?
Adriana: Perchè ha novantatrè anni, manca dall'Italia da settantasei anni, è milionario e ha scritto un libro.
Gianni: Ma no!
Adriana: Ma sì! E non solo; dicono che abbia dato un milione di dollari per la costruzione di un ospedale al suo paese.
Gianni: E cosa faceva in America?
Adriana: Non sono sicura. Sembra che da giovane facesse il muratore; poi diventò appaltatore e fece un sacco di quattrini.
Gianni: Beato lui! Magari me lo desse anche a me un milioncino!
Adriana: Bisogna leggere il suo libro: *Vita di un Emigrante*. Sembra che l'abbia scritto in inglese e che poi l'abbia fatto tradurre in italiano.
Gianni: Perchè? Non lo sa l'italiano?
Adriana: Sì, ma in 76 anni ha dimenticato molte cose.
Gianni: E che viene a fare qui oggi?

Adriana:	C'è una conferenza stampa per la pubblicazione del libro.
Gianni:	Di che paese hai detto che è?
Adriana:	Non l'ho detto perchè non lo so; ma so che è calabrese.
Gianni:	E il libro com'è?
Adriana:	Dịcono che sia affascinante.
Gianni:	Spiega come si fạccia a diventare milionạrio?
Adriana:	Ma su, smẹttila di fare lo spiritoso. È un libro sẹrio che racconta la stọria dei vecchi emigranti e... ẹccolo, ẹccolo; dev'esser lui. Vedi quanti giornalisti?
Gianni:	Andiamo, vọglio chiẹdergli una cosa.
Adriana:	Cosa?
Gianni:	Com'è diventato milionạrio.
Adriana:	Diventare milionạrio non è fạcile, ma chiẹdiglielo pure.

B. Domande

Answer in complete sentences.

Esempio Che cosa stanno facendo Adriana e Gianni?
Adriana e Gianni stanno attraversando una piazza.

1. Chi è Salvatore Scaccia?

....

2. Come si chiama il libro di Scaccia?

....

3. Che cosa c'è oggi?

....

C. Vocabolario

Repeat each word or expression after the speaker. Then repeat the sentence that illustrates its meaning. Next, write out its meaning in English. Check your answers in the text.

1. l'appaltatore: Da giovane faceva il muratore, ma poi diventò *appaltatore.* ________________

NAME________________________________DATE______________CLASS____________

2. la conferenza stampa: Alla *conferenza stampa* un giornalista chiese all'emigrante se avesse fatto un sacco di quattrini. ________________

3. la fretta: Adriana ha sempre *fretta*. ________________

4. l'ospedale: L'emigrante ha dato un milione di dollari per la costruzione di un *ospedale*. ________________

5. mancare: L'emigrante *manca* da settanta anni dall'Italia. ________________

6. sbrigarsi: "*Sbrigati*", dice Adriana a Gianni. ________________

7. tradurre: Ha fatto *tradurre* il suo libro in italiano. ________________

8. voler dire: Che *vuol dire* questa parola? ________________

PART II

A. *Rephrase each statement as in the example. Then repeat the answer.*

Esempio Guadagnava bene. *Sembra che guadagnasse bene.*

1. ..... 2. ..... 3. ..... 4. .....

B. *Rephrase each statement as in the example. Then repeat the answer.*

Esempio Vendono una macchina. *Hanno una macchina da vendere.*

1. ..... 2. ..... 3. ..... 4. .....

C. *Form a question using the conditional of* volere *as in the example. Then repeat the question.*

Esempio Non dice la verità. *Vorreste che dicesse la verità?*

1. ..... 2. ..... 3. ..... 4. .....

D. *Respond to each question as in the example. Then repeat the answer.*

Esempio Cosa mangi? *Non c'è niente da mangiare.*

1. ..... 2. ..... 3. ..... 4. ..... 5. ..... 6. .....

E. *Rephrase each sentence as in the example. Then repeat the answer.*

Esempio Devono dirti qualcosa di strano.
Hanno qualcosa di strano da dirti.

1. ..... 2. ..... 3. ..... 4. .....

F. *Rephrase each sentence as in the example. Then repeat the answer.*

Esempio Capisco il problema. *Comincio a capirlo.*

1. ..... 2. ..... 3. ..... 4. .....

G. *Respond by saying that you promise to do what is asked. Then repeat the answer.*

Esempio Lavorerai con attenzione?
Ti prometto di lavorare con attenzione.

1. ..... 2. ..... 3. ..... 4. .....

H. *Change each noun phrase to the plural. Then repeat the answer.*

Esempio Hanno comprato un elettrodomestico nuovo.
Hanno comprato degli elettrodomestici nuovi.

1. ..... 2. ..... 3. ..... 4. .....

PART III

A. Comprensione

The following brief passage will be read twice. Listen carefully; then circle the letter of the correct answer to each question. Repeat the response after the speaker.

NAME______________________________DATE_______________CLASS____________

1. a. Hanno incontrato Giovanni.

   b. Hanno incontrato un vecchio amico.

   c. Hanno incontrato la loro zia.

2. a. Sembrava che volesse lavorare in Italia per alcuni anni.

   b. Sembrava che volesse ritornare in America.

   c. Sembrava che volesse studiare ad un'università.

3. a. Si sono dati appuntamento per il pomeriggio.

   b. Si sono dati appuntamento per il giorno dopo.

   c. Si sono dati appuntamento per la settimana prossima.

B. Formazione delle frasi

Choose the appropriate word for each space, saying the entire sentence. Then repeat the response after the speaker.

da, a, da, di

1. Devo comprare delle scarpe .... lavoro.
2. .... ragazzo mio fratello studiava molto.
3. Incomincio .... parlare molto bene.
4. Ho promesso .... andare con lui al bar.

C. Coppie

After the speaker says the phrase from the left column, choose the item from the right column that completes it, saying the whole phrase. Then repeat the response after the speaker.

Esempio un orologio *un orologio d'oro*

1. un bicchiere	a. da caccia
2. un anello	b. da vendere
3. le carte	c. da mangiare
4. un cane	d. da gioco
5. una macchina	e. d'oro
6. qualcosa	f. di vino

NAME______________________________DATE_____________CLASS___________

32

PART I

A. Dialogo: Italiani all'estero

Listen to the complete dialog. Then listen again and repeat each sentence after the speaker, attempting to act out each part.

Due signori sulla trentina, Umberto Baldoni e Marino Visconti, s'incọntrano per caso nella galleria di Piazza Colonna a Roma.

Baldoni: Visconti! Marino Visconti, sei prọprio tu?
Visconti: Ma sì, caro Baldoni, che bella sorpresa!
Baldoni: Quanti anni sono che non ci vediamo?
Visconti: Almeno sei; da quando ci siamo laureati.
Baldoni: Avevo sentito dire ch'eri all'ẹstero, ma non sapevo dove.
Visconti: Nel cuore del Brasile, con una spedizione di ricerche mẹdiche. Sono in Itạlia dopo un'assenza di tre anni per una breve vacanza.
Baldoni: Già, tu eri fissato con le malattie tropicali. Ti ricordi i lunghi discorsi che ci facevi ascoltare?
Visconti: Certo. E tu che fai?
Baldoni: Anch'io lavoro fuori d'Itạlia — a New York, con la missione italiana alle Nazioni Unite.
Visconti: Dev'ẹssere un lavoro interessante. E poi New York è sempre New York!
Baldoni: D'accordo. New York è affascinante, ma il lavoro a volte è monọtono.
Visconti: Come va che sei in Itạlia?
Baldoni: Ogni sei mesi mi fanno rientrare al Ministero degli Ẹsteri per alcuni giorni.
Visconti: Mi sembra un impiego ideale. Ti sei sposato?
Baldoni: Sì, un anno fa. E tu?
Visconti: Io sono ancora scạpolo.
Baldoni: Vedi mai qualcuno dei vecchi compagni di università?

Visconti:	Raramente. Pochi si spingono nelle giungle del Brasile.
Baldoni:	Io ogni tanto ne vedo qualcuno; oggi molti Italiani vanno a New York per una ragione o per un'altra.
Visconti:	Siamo tutti un po' sparsi per il mondo, no?
Baldoni:	Eh sì! In Italia le possibilità di lavoro sono limitate, e così l'emigrazione continua anche fra i professionisti. Tu quando riparti?
Visconti:	Domani mattina.
Baldoni:	Allora perchè non ci troviamo stasera? Così ti farò conoscere mia moglie Elena.
Visconti:	Volentieri; sul tardi, però, ho molte cose da fare e fra l'altro devo farmi rinnovare il passaporto.
Baldoni:	Alle nove; va bene?
Visconti:	Sì, dove? Io sono all'Albergo Vittoria.
Baldoni:	Benissimo; passerò a prenderti con Elena.
Visconti:	Ciao; a stasera.

B. Domande

Answer in complete sentences.

Esempio Dove s'incontrano Baldoni e Visconti? *Baldoni e Visconti s'incontrano nella galleria di Piazza Colonna.*

1. Perchè è in Italia Visconti?

   ....

2. Quando si è sposato Baldoni?

   ....

3. A che ora si troveranno stasera?

   ....

C. Vocabolario

Repeat each word or expression after the speaker. Then repeat the sentence that illustrates its meaning. Next, write out its meaning in English. Check your answers in the text.

1. il cuore: Visconti è andato nel *cuore* del Brasile.

   ____

NAME________________ DATE__________ CLASS________

2. il discorso: Visconti faceva sempre dei lunghi *discorsi*.

____

3. l'impiego: Baldoni ha un *impiego* ideale; lavora per la missione italiana. __________

4. il professionista: Visconti è un *professionista* emigrato.

____

5. la ricerca: Visconti lavora con una spedizione di *ricerche* mediche.

____

6. monotono: Il mio lavoro è a volte *monotono*. __________

7. scapolo: Quando non si è sposati si è *scapoli*. __________

8. laurearsi: L'anno scorso mia figlia *si è laureata* in medicina.

____

9. volentieri: Gli studenti studiano l'italiano *volentieri*.

____

PART II

A. *Respond by saying that you are having the following things done. Then repeat the answer.*

Esempio Scrivi tu la lettera? *No, la faccio scrivere.*

1. ..... 2. ..... 3. ..... 4. ..... 5. ..... 6. .....

B. *Rephrase each sentence as in the example. Then repeat the answer.*

Esempio Devono studiare. *Li faremo studiare.*

1. ..... 2. ..... 3. ..... 4. ..... 5. ..... 6. .....

C. *Answer each question as in the example. Then repeat the answer.*

Esempio Li accompagna Giovanni? *Certo! Si fanno accompagnare da Giovanni.*

1. ..... 2. ..... 3. ..... 4. .....

D. *Rephrase each sentence using the correct object pronouns. Then repeat the answer.*

Esempio Farò leggere la rivista a Maria. *Gliela farò leggere.*

1. ..... 2. ..... 3. ..... 4. .....

E. *Answer each question saying that the action mentioned has already been done. Then repeat the answer.*

Esempio Faranno ripetere il discorso? *No, l'hanno già fatto ripetere.*

1. ..... 2. ..... 3. ..... 4. .....

F. *Respond to each statement saying that Giorgio will teach the person mentioned how to do a certain thing. Then repeat the answer.*

Esempio Mario non sa sciare. *Giorgio gli insegnerà a sciare.*

1. ..... 2. ..... 3. ..... 4. .....

G. *Change each sentence to the plural. Then repeat the answer.*

Esempio Ecco la casa nuova. *Ecco le case nuove.*

1. ..... 2. ..... 3. ..... 4. ..... 5. ..... 6. .....

7. .....

PART III

A. Comprensione

The following brief passage will be read twice. Listen carefully; then circle the letter of the correct answer to each question. Repeat the response after the speaker.

1. a. Si sono incontrati in una piazza.

   b. Si sono incontrati a un bar.

   c. Si sono incontrati nella galleria di Piazza Colonna.

2. a. Lavora per una ditta.

   b. Lavora per la missione italiana alle Nazioni Unite.

   c. Lavora per una banca.

3. a. Sono andati a un bar.

   b. Sono andati a un ristorante.

   c. Sono andati a casa.

B. Formazione delle frasi

Choose the appropriate verb for each space, saying the entire sentence. Then repeat the response after the speaker.

faranno, feci, farò, faccio

1. .... lavare i piatti a Giovanni.
2. Si .... riverniciare la macchina.
3. Mi .... accompagnare da Bob.
4. Gliela .... leggere domani.

C. Coppie

After the speaker asks the question from the left column, choose its corresponding answer from the right column. Then repeat the response after the speaker.

Esempio A chi farai leggere la lettera? *La farò leggere a Maria.*

1.	A chi farà pulire la casa?	a.	Faranno cantare noi.
2.	A chi farete riverniciare la macchina?	b.	Le farò lavare da lei.
3.	A chi faranno lavare i piatti?	c.	La farò lavare da lui.
4.	A chi farai lavare la camicia?	d.	Li faranno lavare a me.
5.	A chi farai lavare le camicie?	e.	La farà pulire da Maria.
6.	A chi faranno cantare?	f.	La faremo riverniciare da te.